地球消滅の時

山下慶子
Keiko Yamashita

文芸社

目次

『手紙』という本を書くつもりだった

本当は『手紙』というタイトルで、「前略失礼致します。作家でもない者が7冊もの本を出版する、というふとどきな行為が許されるのでしょうか。からっぽの頭で自分なりに精一杯考えをめぐらせてみました。わたくしの頭は、常日頃、完全にからっぽなのです」と書こうと思っていた。

昔は本をむさぼり読みました。哲学者で著書も出されているT氏が言われるように、一番感動した本は、エッカーマンの『ゲーテとの対話』、ゲーテの弟子であった人が書いたものですが、T氏が図書館に行って本を借りたら、赤線が引いてあったそうです。

T氏は「図書館の本に赤線を引くな!!」と怒っておられましたが、『ゲーテとの対話』を読んだ時、自分のその本のほとんどすべてに赤線を引いてしまった、と書いておられますように。もう40年以上前に読んだ本ですが、『ゲーテとの対話』の入った

「ゲーテ全集」が、本棚の一番上、大切な本を置く所に今もあります。40年以上も前の本です（今は文庫になっているようです）。

人間ならば、『ゲーテとの対話』に感動しない人はいないと思います。ゾンビは何を読んでも駄目です。

「うらめしや～、どれどれひとつこれを読んでみるか」と思っても、何を読んでも何一つ身につきません。感動とか、向上心とか、心の底から湧き上がる、この本に出会ってよかった、という心底からの感謝とか、そういうことのできない自分を反省するとかが一切ないのですから。

感動、感謝、反省、これらは人間の感情ですから、ゾンビにこれらはありません。

ゾンビのことをT氏は「バカ」と呼ばれます。

「バカとは価値の判断がつかない者のこと」と言われます。つまり、何が大切で、何が大切でないかの区別・判断がつかない者のことだろうと思います。

何事にも基礎が必要です。人間にも基礎が必要です。基礎がないとぶれまくりの人生になります。特に必要ないほどにあふれかえったこのすさまじき情報社会の中で、価値判断のできない人間は、あられもない方向へ行ってしまいます。T氏が繰り返しおっしゃるところのバカになり、私が繰り返し言うところのゾンビと化します。

人間には基礎が必要です。「人間にそんなものいるかいな、人間は人間であるだけで、もうそれだけで、立派で偉いのだ、他の動物とは違うのだ」と言う人間は、時を経るごとにバカになり、必ずゾンビと化します。動物の方がずっと偉い。

先日、ゾウの家族のドキュメンタリーを見ていて、泣きました。ゾウの一族の愛・絆、ゾウは水を飲まない日が、3、4日続くと限度だそうです。

水を求めて何日も歩き続けたゾウの家族の一匹が、走って水場に行き、水を飲もうとしたら、激しく怒られている。小さく幼いゾウが一番最初に、澄んだ所の水を飲む、どんなに渇《かわ》いていても、小さく幼いゾウが一番最初、大人はその後、という掟を破った一匹の若いゾウが、激しく大人のゾウにしかられている。

子を守る大人のゾウたちの、信じられない深い大きな愛。いとおし過ぎて、わたくし泣きました。人間も見習ったらどうだろう。

それやこれや、あれやこれやで、最近ではT氏とF氏以外の本はまったく読まなくなりました。からっぽの頭に栄養を与えてくれ、目を輝かせて、死人がよみがえるように、急に活気みなぎり、頭のみならず、全身を喜びで満たしてくれる本は、私にはこのお二人の本以外にないのです。

『新潮45』２０１7年4月号に、T氏の記事が載っているのを知った時は、飛び上がりました。うれしくて。

「そろそろやめたらどうか『パラリンピック』」と「だからあれほど言ったのに」。そしてつい最近発見しました。T氏の2冊の本を。

『死ぬ前に後悔しない読書術』と『安倍でもわかる政治思想入門』。どちらもKKベストセラーズ。

わたくし読むのも書くのも速いのです。あっという間です。そこで、一気に読むのはもったいないから、チビリチビリ、しっかり噛みしめながら読んでおります。だって、今度いつT氏の本に出会えるかわからないではありませんか。もったいなくて、チビリチビリです。

わたくし、読むのも書くのも速くて、たとえ早く読み終えたとしても、T氏の言葉は、ほとんどすべて頭の中に入っています。そして忘れない。いつでもその言葉を取り出せます。もう自分のものになっているのですね。

40年以上前に読んだエッカーマンも、『ゲーテとの対話』も、もうすっかりどこかへふっ飛んでしまっておりますが、今の私にとっての師は、T氏の言葉と、そしてF氏の言葉、文章です。T氏が「本を読まない人間は軽い」と言っておられますが、F氏もすごい。日本の古典のすべてを読んでおられ、「え？　これも？」と私が驚き、うれしく、心の奥の奥の方からじわじわと喜びが染み渡ってくるような、そのような本も読まれています。とにかく、このお二人、哲学者と数学者なのに、読書量がハンパではない。

逆立ちしてもかなわない、と思う師を持つことほど人間にとって幸福なことはありません。このお二人は、私にとって、逆立ちしてもひっくり返ってみても絶対にかなわない。生涯の師と思っております。

多いのか、少ないのかさっぱりわかりませんが、「今までに百冊近い本を読んできたが……」と原稿に書いていたら、T氏の著書に「一万冊の本を読むよりも、百冊の本を読む方がずっと大切なこと」というようなことが書いてありました。自信のまったくない私は、この言葉で大いに励まされ、慰められました。

多いのか少ないのか自分でもわからず、この人、いい年しているのに、今までにたったの百冊近くの本しか読んでいないのか、と笑われるだろうな、と自分ではそう思っていました。

逆立ちしても、ひっくり返っても絶対にかなわない。この人は何者だろう、どこであのようなことを学んだのだろう、この人は何者か？　その他大勢の中の一人として、いつも後ろの方から、この浮かんでは消え、消えては浮かぶ疑問を持ちながら、2年の時を過ごしました。この人は何者だろう、どこであのようなことを学んだのだろう、と。

後に、同年・同月・同日に生まれていることを教えてもらった時、わたくし、ほんとにぶっ倒れそうになりました。からっぽの自分、真理も真実も、人間の基礎さえかけらもない自分。あるのはピアノが弾ける、ということだけ。

今世で、イエス・キリストと出会った時のことです。わたくしがさまざまなことに出会いながら、40数年書き続けてきたのは、「イエス・キリストの日本再臨」を世に知らしめるためでした。それ以外には何もありません。

キヨミとヨシエと3人で過ごした青春

プロのジャズピアニストの人が、「みんな一日8時間働くでしょ? 私たちも一日8時間は練習しますよ」と言った時、それは私にとってもまったく同じことで、休日、一日8時間ぶっ通し練習、これは音大を目指す者にとって、当然のこと、普通のこと。だから全国30名の中に入れたのです。

私を苦しめたのは、田舎にポツンと一人でいる者なので、この30名の者たちが、どれだけうまいのか、どれだけうまくなればこの30名の中に入れるのか、まったくわからないこと。表現が悪いけれど、敵がどれほどの力を持っているのかがまったくわからないこと。最後の最後までこのことが私を苦しめました。

最初寮に入りましたが、部屋で練習している私のピアノを聞いて、「今度すごい人が入ってきたよと、寮中の噂になっているよ」とピアノ科の先輩が教えてくれた時、「よし、やった！」と初めて思いました。

東京生まれの東京育ち、音高（国立《くにたち》音楽大学付属高等学校）から来た生徒たちのその美しさに私は圧倒されました。とにかく皆美しい。まばゆいばかりの美しさです。「音高からそのまま上がってきた自分たちと違って、この人はピアノが上手いから仲間になったのだ」と、みんな珍しげに私を取り巻いて、やさしいことやさしいこと。意地悪やいじめなど、どこか違う国のことのようでした。

ごめんなさい、おもしろくないでしょう、こんな話を聞かされても。わたくし、『神の怒り、人類絶滅の時』という本を出版したばっかりなんです。私の正直な気持ちでいえば、もう予言からは解放されたかった。普通に生活していた普通の人間が、いつの間にか自分で予言者などと言い出して、予言書を6冊も出すのですから、どう考えても普通じゃない。ですよね？

普通じゃないと思ったし、もうこれだけ書いたからもう予言から解放されたい、普通に戻りたい。そこで「手紙」というタイトルで、楽しかったこと、悲しかったこと、生涯に一度だけ、霊なる神様に「自殺がいけないことでしたら、どうぞもう私をお引き取りください」と真剣に願ったことを書きたかった。

途中仏教を学び始めたので、「自殺はいけない」と教えられたような気がするので、それに私は自殺をしても必ず未遂に終わる、と自分でわかっていたのです。自分が自殺をしても必ず未遂に終わる、という簡単なことがわからないようでは予言者という資格はありません。

とにかくもう予言とはおさらばしたい、というのが本音で、おもしろかろうがおもしろくなかろうが、自分がたどってきた道のこと、私の愛したユニークな心底愛すべき男たちのこと。根が単純な私が彼らにどのような影響を与えられてきたか、絶望や苦悩、美しい学生たちの中でもひときわずば抜けて美しかった、国立で一番美しいと呼ばれていたキヨミと私との４年間の学生生活について。

作曲科で紅一点だったヨシエとのこと、昔、村の小学校で、当時珍しかった〝げんとう〟を観たこと（映画です。これが私が生まれて初めて見た映画でした。山と川に囲まれた山川村［山の名前は女山《じょやま》と呼ばれていました。松本清張氏の大ファンで、清張氏の本をすべて読んでいた母が、卑弥呼の里ではないかと思った清張氏がこの村に調査に来たと本に書いてあったと言っていました」の山川小学校で生徒皆で、「黄色いからす」という映画を見たのです。でも、映画というより〝げんとう〟の方がふさわしい。壁に、先生方が懸命に黒い幕《まく》を張って観るのです)。

その映画は、伊藤雄之助さんという俳優さんと、小さなかわいい男の子が主演で、男の子の名演技で涙を誘う映画でした。田んぼに囲まれた田舎の小学校で、子供たちに映画を観せてあげたいという先生方の愛情が子供心にうれしかったのを覚えています。

それから十年近くの時が経ち、国立《くにたち》の寮監（心理学の先生と奥様でした）が「あなたに手紙を持ってきた子がいるよ」と言われて手紙を渡され、読んでみると、「マモルの使いで来た。何日の何時に国立駅前の喫茶店（何とか）にいる。必ず来いよ。来なけりゃぶんなぐる。マモルの使いだ」と書いてある。器楽科か作曲科の男の子だろうとは思ったが、田舎から来たての私には知り合いは一人もいない。

キヨミが「今度私のいとこが入ってきたからみんなよろしくね」と音大中の男女か

まわず紹介して回ったことはあったが、キヨミと作曲科紅一点のヨシエ以外、私は誰も知らない。

指定してあった駅前の何とかいう喫茶店へ行ってみた。サングラスをかけた男（学生）が座っていた。

「あなた誰？」

「作曲科のSだ。マモルの使いで来た。マモルがあんたと付き合いたいと言うとる。マモルがあきらめたらオレが付き合う。オレもあんたを来た時からずっと見ていた。音大で一番寝てみたい女だ」（ケッ、キザなやつ）

「昼間なのに何でサングラスしてるの」

「小さい頃映画に出てて、ライトを浴び過ぎて目をやられ、それで作曲科に入ることにした」

「マモルの使いで来たが、マモルが付き合わなかったらオレが付き合う」

20歳の学生の言う言葉か。かわいい顔をしているが「ケッ、キザ」と思った。いろいろ話しているうちに驚いた。

あの田んぼに囲まれた田舎の村の小学校で観せてもらった「黄色いからす」で涙を誘う演技をした子役の男の子、「S」だったのである。まさか「あなたのこと、ド田舎の村の小学校で観せてもらったよ、あの『黄色いからす』って映画をね」とは最後まで言えなかった。ギャップがあり過ぎて。

「山と川に囲まれた村の山川小学校で、あなたを観た」とは最後まで言えなかった。それからマモルは堂々と「ケイコ、ケイコ」と言いながら、私の後ろをくっついて歩くようになった。

「ケイコ、今度帰るの何日の何時の汽車？」

「何日の何時の汽車よ」

真冬のまっ暗い人っ子一人いない岡山駅に着いた時、確か夜中の1時か2時頃だったと思う。汽車の窓をコンコンと叩く者がいた。

人っ子一人いない夜中の真冬のホームに、マモルが立っていた。急いで汽車に乗り込むと、手紙と、岡山名産のお菓子を、「お母さんとおじいちゃん、おばあちゃんに渡して」と言って私に渡し、急いで降りていった。まっ暗で、もういないのか、いたのか、暗くて見えなかった。
手紙には「これから自分たちの時代が来る」と希望に満ちあふれた言葉が書かれていた。「文芸復興」という言葉もあった。

「マモッタン」「S」「キヨミ」「ケイコ」と呼び合って、常に4人で行動する、仲良し4人組だった。後に岡山にお嫁に行ったキヨミから「マモッタンは、バーンスタイン（レナード・バーンスタインのこと）の弟子になるって言って、どこか外国に行ったわよ」と言っていて、30代の頃、テレビをつけて縫い物をしている時、「○○○まもる指揮、何とかオーケストラの演奏会を行います」とテレビで言ったので、日本公演ということは、外国で指揮者として頑張っているんだ、と思い、「マモル頑張れ！」とテレビに向かって声援を送った。

私は荻窪にあったキヨミの家に完全に住みついていた。彼女の作る食事を食べ、一緒にお風呂に入り、彼女のベッドに一緒に寝た。彼女の弾くショパンを飽きず毎日聞き、一緒に大学へ行き、同じ教室で学び、師事する教授は互いに違ったが、私たち二人は大学で有名人だった。

いつもぴったり一緒で、まるで双子《ふたご》のように見えたと思う。彼女の生年月日と私の生年月日は、年、月、日、一日も違うことなくぴったり同じであった。まるで双子である。

春休みを利用して、東京から鹿児島まで、列車で旅をした。目の前で桜島が噴火して、「キャ〜、何だ、どうした、どうすりゃいい」と二人で驚いたが、鹿児島の人たちは何事もなかったかのように、まったく驚く人など一人もいない。それを見て私たちは驚いた。

作曲科のヨシエはチャキチャキの江戸っ子で、私がまだ寮にいた頃、授業が終わった後は必ず私の部屋に来て、ひとしきりおしゃべりしていった。

「あなたあれ読んだ?」「何を?」「柴田翔さんの『されどわれらが日々』」「どんな本?」

彼女は本の内容をすべて私に語った。いかに彼女が感動しているかがひしひしと伝わった。本の内容をすべて語る彼女もすごいが、そこまで感動させる柴田翔氏もすごいお方である。

私もT氏の本ならかいつまんで大事な所は語れる自信はある。感動すると人間一回読んだだけでも、すらすらと語れるものなのである。

それにはT氏の言われるように重くないと語れない。軽いと残らないのである。50年前の『されどわれらが日々』が今も私の本棚に並んでいる。

二人との出会い

もう少し東京での生活や、山川村での生活のことを話させてほしい。なぜ普通の人間がごくごく普通の生活を送り、青春を謳歌《おうか》し、何不自由なく、何よりも自由に満ちあふれ、喜び、歓喜、幸福を感じ、男も女も愛に満ち満ちていたそんな生活をしていた者が、なぜ「予言者」などになったのか。そのような思いで読んでいただければいい。

国立音大のすぐ隣に、庭続きのように国立大学があり、生徒間の行き来もあった。何しろ庭続きである。この大学出身の柴田翔氏の『されどわれらが日々』が、頭では理解でき、芥川賞授賞作で心底感動もした。しかし、「生涯に一冊の本を」と書かれていて、その後もう一冊は出版されたが、言葉通り、ほんとに生涯に一冊であった。

隣同士の大学でありながら、この事件や出来事に、音大生は興味すら持ってはいなかった。おしゃれ、恋、遊び、音楽。ピアノ科の生徒はマニキュアをすると怒られたが、声楽科の生徒たちは「マニキュアをしなさい」「化粧をしなさい」「おしゃれをしなさい」「いつもきれいでいなさい」と言われていた。

私は校庭のベンチに座り、どこからこんな美しい生徒ばかり集まってくるんだろう、と思いながら眺めていた。その美しい生徒たちばかりの中で、皆が認める国立で一番美しい生徒、それがキヨミだった。

初めて教室の窓際で、立って友人とおしゃべりをしているキヨミを見た時、言葉を失い、釘づけになった。この世のものではない、と思った。まるでそこに天使が舞い降りているようだった。

まっ白い冬のコートを着て、教室の窓辺に立ち、天使がおしゃべりをしていた。この世のものではない、と思ったのは正しかった。以来、今日まで、あの天使の美しさの人を一度も見たことがない。

授業が終わり、校門に向かって歩いていると、後ろから声がした。振り向くと、遠くから（教室内だから、さほど遠くはないけれど）あの白いコートを着た妖精ではないか。私は無言で足を早めた。

誰だって、生まれて初めて見る、かつて見たことのない者に追いかけられたら逃げるでしょう。私も足を早めて逃げた。つかまらないように、どんどん足を早めた。それでも必死で追いついてきた。

「ね、ね、九州から来たんでしょ？　私も佐世保に叔母がいるの」

「ね、そこの喫茶店でお話ししない？」

大学の周囲には喫茶店がいくつも並んでいて、すべてのお店がクラシックを流していた。

佐世保にお母さんの妹の叔母さんがいて、その息子が医学部受験のため、自分の家にいること。自分には慶応と早稲田を目指している弟が二人いること。

お父さんは外国航路の船乗りさんで、それで自分に海という名をつけたこと。お父さんが日本の港に着いた時は、お母さんが会いに行くから、家にはお父さんはいないこと。今付き合っている器楽科の男の子のこと。心底互いに愛し合っているけれど(お母さんの猛反対、絶対に結婚は許さない、は後で聞いた)。

キヨミがずっと一人でしゃべっていた。私は真剣に聞いていていたが、最後まで一言も言葉を発しなかった。とまどっていたのである。

あくる日から、彼女が毎日私のためにお弁当を作って持ってきて、彼女が学食のカレーライスやうどんを食べる、という生活が始まった。授業が終わって毎日のように寮の私の部屋へやってくるのはヨシエだけで浅草《あさくさ》の彼女の家にも泊まりに行った。キヨミが寮に来たことは一度もない。

なぜヨシエが私に近づきたがったたか、後にわかった。

そうこうするうちに、寮を拠点にして、私はキヨミの家に入りびたるようになった。現金書留や手紙、母がダンボールにお菓子やら何やら詰め込んで送ってくれるので、住み家は一応確保しておかなければならない。「ケイコ、あの〝おこし〟(久留米名産のお菓子、〝おこし〟である)もらっていい?」と他の者が食べるために送られてくるようなものだった。

夜は誰が始めたのか、自分たちの部屋でやればよいものを、なぜかみんな私の部屋に集まり、夜な夜な花札に興じた。

「キヨミ〜、コーヒー持ってきて」「キヨミ〜、お茶とお菓子を持ってきて」「けい子さん、そこにお菓子とバナナがあるわよ」「けい子さん、冷蔵庫の中に○○が入っているわよ」

弟二人、佐世保のいとこ一人、庭続きの国立大から来ている家庭教師の学生先生、それにお母さん、この5人、4年間の間に一度も顔を見たことがない。

キヨミのお母さんの声だけはたまに聞こえる。私が来ていることはわかるのだろう。「お菓子やバナナや冷蔵庫のものを食べてゆっくりしなさい」と言っているのだろうけれど、声だけで姿を見たことが一度もない。

「あの人たち毎日何やってんの」「マージャンよ」

ジャラジャラと激しくうるさい音がいつも鳴り響いていて、4年間、お母さんを含め、この5人の姿を一度も見たことがなかった。来る日も来る日もこの5人、別の部屋に閉じ込もり、ジャラジャラと激しい音を立て、マージャンをやっていた。

一体いつ勉強しているのだろうと私は心配していたが、長男は慶応に通った、と言っていた。この5人の食事を毎日作り、「キヨミ〜」と呼ばれれば何やかや持っていき、食事、洗濯、掃除をし、私が行けば、7人分の食事を作っていた。

毎日私にお弁当を作って持ってきて、自分は学食のカレーやうどんを食べていた意味がやっとわかった。毎日お弁当を作るのが苦にならないのである。

何しろ私がいる時は、7人分の夕食を作るのだから。彼女は天使ではなく、〝シンデレラ〟だった。

「絶対にあの男との結婚は許さぬ!!」と毎日お母さんに言われ、電話がかかってくるとお母さんが切ってしまう、と、泣きそうな顔をしていた。やけのやんぱちで、慶応の弟の友達と結婚し、岡山へ行った。

「遊びにおいで」と言うから行ったら、彼の両親もいる広々とした家で、私はすっかりリラックスし、何日もいた。キヨミと二人で大原美術館（エル・グレコの絵を見られたのはよかった）や、後楽園に行った。あとは若いご主人が、一緒に車であちこち連れていってくれたが、ピアノ教師のアルバイトで服を買う必要もなく、洋服ダンスには彼女にぴったりの洋服がずらっと並んでいた。

だが、何も言わなくても、彼女が幸福ではないことを私は感じていた。その後、何一つ持たず、着のみ着のまま、二人の子供も渡してもらえず、子供に何か送っても、すべて送り返されてくる。自殺をするんじゃないかとお母さんが常に見張っている、と、何も持たず東京に帰ってきた。

後にキヨミが言った、「私たち世間知らずだったね」と。

青春の終わり

20歳の時、授業が終わった後、毎日のように私の寮の部屋に来ていたヨシエが、ある日ポツンと言った。

「私の人生、恥多き人生だったわ」と。

意味がわからず、その言葉、ちょっと早過ぎるんじゃないか、と思った。田舎生まれの田舎育ちの私と、東京生まれの東京育ちの子は年は同じでも、やっぱり私とはだいぶ違う。大人びている。

やることも、考えていることも、私のように単細胞ではなく4、5年は違うな、と思うほど、よく言えば大人びていて、悪く言えばませている。

T男（学生ではなく大人の男）がキヨミを愛し、キヨミは器楽科の男の子を愛し、ヨシエはキヨミが捨てた、と彼女は思っている。そして今もまだキヨミのことを忘れられずにいることを知っていて、ヨシエは自分が愛されていないことを十分承知しているのに、それでも本気で愛し、結婚したいと思っている。

実にややこしい。4年間で一度だけ、学生食堂でキヨミが私に怒ったことがあった。何を怒っているのかさっぱりわからず、なに機嫌悪いのよ、と思ったことが一度だけあった。

何も知らない私は浅草のヨシエの家に泊まりに行ったり、彼女がピアノのバイトをしているクラブについていったり、ヨシエも私にベッタリだったから平気でしていた。よく考えれば、私たち二人はピアノ科なのに、作曲科のものがピアノ科の私にベッタりするというのが何かおかしい。

私以上に、ヨシエには、『されどわれらが日々』が響いているのである。節子と二人部屋にいて主人公の男性が窓際に立ち、節子に対してどんな態度をとったか、その時彼が窓越しに、どんな表情で遠くを眺めていたか、まで私に語った。

何だかややこしかったのだ、とずいぶん経ってからやっと理解した。愛されていないとわかっていて、話を聞いていれば、彼が彼女を愛していないことが痛いほどにわかった。

「やめておけば」と言いたかったけれど、それぐらいで「そうね」とやめる人ではない。

音大で一番難しい科は作曲科と言われている。男ばかりしかいない作曲科で、彼女一人だけである、女性は。

並の人ではないのである。まだ20歳ぐらいだというのに。強引に突き進み、卒業と同時に結婚までこぎつけた。彼女は彼が自分を愛していない、とわかった上で結婚した。

卒業後、久留米に帰ってきていた私は雑誌を読んでいた。その雑誌記事の中で、若い夫婦が幼い男の子を一人寝かしつけてから、二人で映画を観に行っていた。目を醒ました男の子（3歳ぐらいだったろうか）がマンションのベランダの洗濯機によじ登り、（7階か8階だったと思うが）落下して死んだ。即死だった。

この若夫婦に対する非難ごうごうの記事が載っていた。どこの誰かなど一切書いてはいなかったが、私はなぜかヨシエのことだとすぐわかった。久留米から東京のヨシエに確かめるための電話をした。彼女はショックで立ち上がれず数日前まで入院していた、と言った。今もまだ立ち直れないでいる、と言った。

「私に、あなたには男の子は持てない、と言った人がいるのよ。こうなったらじゃんじゃん何人でも産んでやるわ」と言ったのが、彼女らしかった。

もう卒業して田舎に帰っていた私が、東京とだけしか書いていなかったこの記事を見て、なぜ、ヨシエのことだとすぐにわかったのか、今でも私にはナゾである。

楽しくはなやかだった青春は消え失せ、私も含め、私たち3人に、恐ろしい試練が襲いかかり始めていた。

愛するたらちゃんに感謝

突然ですが、わたくし忘れないうちにN・Tさん（男性）、「たらちゃん」にお礼を言わなければなりません。読んでくれるだろうか、伝わるだろうか、と一切心配する必要がなく、すべての本を読んでくれているとわかっているので、とっても気が楽です。

近くにいたら、「ありがとうね、ありがとうね、好きだよ、たらちゃん、愛しているよ」とメチャクチャ感謝の言葉を言いたいところですが、何しろインターネットができないもので、もどかしいことではありますが。何の見返りも、私からの感謝の言葉の一つもないのに、ずっと最初から写真まで載せてもらっているのもあり（最初、レビューには本の写真が載っていました。その後、インターネットの調子が悪くなったようで、最近見るとコメントだけです）、まさか『神の怒り、人類絶滅の時』は出たばっかりだから読んではおられないだろうと思っておりましたら、何と読んでおられた。

涙が出るほど、わたくしうれしく思いました。全部5つ星で。何というお方。何の反応もないとわかっているのに。見返りの一つもないのに。ただ淡々と。本物だと思っています。すべて読んでもらっているからおわかりと思いますが、数年前までは彼女がインターネットカフェに行って、コピーしてもってきてくれましたが、「え？　たらちゃんがこんなことを書いてくれている」と確か写真まで載せてあって、えらく感動し、感謝感謝と思っていましたが、彼女がいなくなり、その後何年かの間まったくわからなくなり、わたくしとしたことが、これで終わり終わりと思い思いしながらも何だか語り足りなくて、続き続き、続編、続編、と、何だかずっと最初からの続きのような感じで、気分で6冊も書いてしまいました。

最近ガソリンスタンドのお兄さんS君が、「まかせてください、たらちゃんって、サザエさんみたいですね」と言いながらコピーしてくれたので、出たばかりの本まで、私の本、すべて読んでくれているとわかり、うれしくて涙が出そうでした。

文芸社の担当者のYさんと電話で話をしながら、彼と電話する度に出てくるのですが、「たらちゃんってかわいい。ほんとたらちゃんって真からかわいい」目の前にインターネットがあるらしく、「たらちゃんこう書いてますよ」と読み上げてくれましたが、「うん知ってる、きのうガソリンスタンドのS君にコピーしてもらったから」と言って、Y氏が言った続きを私が電話で言いました。

「山下さん暗記してるんだ、たらちゃんのコメントを」とY氏は思ったと思います。その通りで、たらちゃんのコメントをすべて私は暗記しています。

感謝が深いと全部頭に入り、暗記してしまうのです。何の反応もしない、できなかった私のために、無償の愛をありがとう!!

イエス・キリストがペテロを後継者にする時、何と言ったのかお教えします。

「私を愛するか」「はい、愛します」「私を愛するか」「主よ、私があなたを愛していることは、あなたが一番よくご存じではありませんか」「私を愛するか」「愛します」

3回目、ペテロは今にも泣きそうに半べソをかいて「愛します」と答えました。

イエス・キリストは、後継者にしようとしたペテロに3回「私を愛するか」と尋ねました。「何もかもわかっておられるはずの主が、なんでこんなことを言われるのだろう、今さら」、と彼は3回目、半ベソをかいていました。

イエス・キリストに愛されなければ、新しい天と地へは行けない。霊なる神に愛されなければ新しい天と地へは行けない。イエス・キリストにペテロは愛されなければ、新しい天と地へは行けない。

たらちゃんほど私を理解してくれる人はいません。何の見返りも求めず、ここまで私を信じ、愛してくれる人はたらちゃん以外にはいません。たらちゃんありがとう!!感謝感謝。

たらちゃん愛しているよ。たらちゃんってかわいい、と担当者のYさんに3回ぐらい言いましたが、たらちゃんって、心底かわいい。たらちゃん、愛しているよ。

たらちゃんのレビューのコメントをすべて書こうと思ったけれど、これ、インターネットをしない、できない者の発想ね。観る人は観ている、ということね。Yさんが電話で目の前で読み上げるのだから。

どこのどなたかわからないけれど、縁がある者には必ず通じ、心配しなくても知らされるのだ、ということが、たらちゃんを通じて、よーくわかりました。

霊なる神様に感謝、最後の審判の時を待ちかまえているイエス・キリストに感謝。
たらちゃんに、愛しい愛するたらちゃんに感謝。

邪念や汚れが我が身にくっつき始めたようで

寮にいた時、「山下さ〜ん、山下さ〜ん、ちょっと、ちょっとあなたにそっくりの人がいるよ。今、お風呂に入っているから見ておいでよ、いいから早く見ておいでよ」と息を切らして私に言いに来た女の子がいました。

前ぶれもなく姉がやってきて、寮の狭い部屋にいて、当然のごとく私の狭いベッドに一緒に寝て、当然のごとく寮生がいっぱいいる広いお風呂に入り、昼間はどこかへ出かけていなくなる。入り口には寮監さん夫婦がいるのですが。よく入れたな、とは思ったけれど、東京へ遊びに来たのだろう、ぐらいに思っていました。

夜帰ってきて、
「今日、新宿に行ったんだけど、お祭りかなんかあってたの？」

「いいや、何もやってないよ、あれが普通」

数日経つと、姉はユーレイのようにいなくなっていました。30代になった時、

「あんた、あの時寮に何しに来た？」と聞くと、

「家出よ、家出」と姉。

そういえば遊びに来たわりには顔が真剣だった。顔が引きつっていたような気がした。

会話も「今日、新宿でお祭りか何かあっていたのか」と聞いただけ。あとは一切会話なし。そしてなぜか、何も言わず、まるでユーレイのようにいつの間にかいなくなった。

「そうかー、家出かー、何で？」

「私、医者になんか絶対になりたくなかった。私の夢はファッションデザイナーになること」

姉が医学部を卒業してから、やっと私はこの言葉の意味を理解した。高校生の時、

「今日、私、恥ずかしかったよ。電車のつり革がつかまっていたら切れてね。人がい

っぱいいるのに恥ずかしくて、切れたつり革をそーっと網だなに乗せたよ」

電車のつり革を引きちぎるほどふとっていた、横にころんだ方が早いのでは？　というほどふとっていた姉に、「ファッションデザイナー」と言われても――。

医学部で、ホルマリン漬けにされた男女の遺体を自分で引っ張り上げ、それを解剖するという実験中、肉も魚も一切食べられなくなり、姉はすっかり痩せて、スマートになった。

同級生だった義兄と結婚し、二人が開業すると、「ファッションデザイナーになるのが夢」と言っていた部分を発揮し出した。

確かにそれはそうだっただろう、と姉は私をうならせた。ファッションのセンス、バツグンだった。これならほんとにファッション界で成功しただろう、と本気で思った。

休みを利用して、東京や海外へしょっちゅう行っていたのは、ファッションの研究という目的が潜在的にあったのかもしれない。

今でもフッと思い出して納得できないのは「ちょっと、ちょっと、あなたにそっくりの人がいるわよ」の、このそっくり、という言葉である。私は姉とそっくりとは露ほども思ってはいなかった。

口に出しては言わないけれど、心の中でお互いに「自分の方が美人」と思っているのである。お互いにね。両方ともね。

私は姉よりも自分の方が美人と思っていたから、今でも「あなたとそっくり」を思い出すと、何だかふに落ちず、納得いかないのである。子供の頃はこんなこと考えもしないのに、大人になるっていやですねー。何だか邪念やら汚れやらが我が身にくっつき始めてきたようで。

子供の頃なんて、ほんとにそんなこと考えもしません。30、40、50あたりまで、そういったものとの戦いが続きます。自分は正しく生きているか、とか、この男に命をかけてもよいか、とか、もう一人の自分を外に置いて、常に物事を客観的に見る訓練（主観だけで生きていると、とんでもないことになるので）。細い神経を太くする訓練とか、そのために本をむさぼり読みました。

T氏の言葉でパチッと目が醒めました

もしこの時期に、自分を導いてくれる本がなかったら、私はおかしくなっていたと思います。大切なことを自分の血と肉とするため、精神向上、人格形成のために、私には本が不可欠でした。

お釈迦様の「人生は苦である」に、私は20代の頃までは反発していました。しかし、この「苦」が、それも「自殺がいけないことならば、どうぞこの私を霊界へとお引き取りください」と真剣にお願いするほどの苦が、私を狂気から普通の人間へと変えてくれました。

一度死んだ人間は強いのです。そのわりにはオタオタ、オロオロ、心臓ドキドキなどはまだ残っており、福岡西方沖の時よりはまだましだったな、と思っていたところへ、夜中の1時過ぎ、「あー、家がこわれる～」と家がこわれて押しつぶされて死ぬ覚悟をして（熊本地震です）、動けなかったのです、揺れが激しくて。

地震、かみなり、火事。これはやっぱりどれだけ修行しても怖い。怖いものはやっぱり怖い。おやじの怖さはわかりません。経験がないので。

30、40、50歳、このあたりまで生きるか死ぬかの修行でした。今、この年になったらどうなのか。頭からっぽで、寝ているのか死んでいるのか、つまり仮死状態とでも申しましょうか。今日のことです。

「バカとは価値判断ができないことです。価値判断ができないから変なものを取り入れてしまう。そしてますます変になっていく。真っ当な価値判断を身につけるには、真っ当な価値判断のできる人から学ぶしかありません」T氏のこの言葉でパチッと目が醒めました。まったくその通りです。おっしゃる通りです（文庫のエッカーマンの『ゲーテとの対話』を読めば、もうこれだけでわたくし完ぺきだと思います）。

古典を学ぶには、わたくしもう年を取り過ぎて、あなた様からすべてを学ばせていただいております、と心で思いながら。

「価値判断のできる人とは、価値判断ができると認めた人のことです。

だから価値判断ができる人が書いた本を読むことが、なによりも大切なのです」

ここで完全に目が醒め、「よくわかりました。おっしゃること、この私にもよくわかりました。先ほども申しましたが、わたくしもう年を取ってしまい、とても古典に戻る元気がありませんので、何もかもすべてをあなた様の本だけから学ばさせていただいております。正直申しまして、興味を持てる本が一冊もないのです。あなた様の本以外には興味が持てない、正直これが本音です」。

「仮死状態の私が目が醒め、生き返れるのは、あなた様の本以外にないのです。神様が私に与えてくださったプレゼントだと思います。

あなた様の本と出会っていなかったら、T氏というお方と出会っていなかったら、今頃わたくしは仮死状態のまま、後半の人生を、虚しく過ごしたことでありましょう」と思いながら。

「本を読んでいない奴は、ほとんどが薄っぺらい。

じゃあ、本を読んでいない奴は全員ダメなのか？

全員ダメです」

少し笑わせていただきました。大声で笑うと失礼かと思って。たまに出てくるこういう言葉が、わたくし大好きなのです。年がいもありませんが。

そういうわけで、今日はしっかり目が醒めています。そうすると、この原稿、やっぱり、どうしても本にしたい。迷いながら書いているけれど、どうしてもこの原稿本にしたい。

6冊目の本は最後まで雑念いっぱいで、最終的に捨てるだろう、と思って書いた前の本と違い、なぜかこの原稿、絶対に捨てたくない。本にしたい。これほど強く思うのはここ最近ではこれが初めてです。

ああ神様、霊なる神よ、我が主、イエス・キリストよ、どうかこの原稿を私に捨てさせるはめにしないでください。

主よ、霊なる神よ、イエス・キリストよ、我が師、イエス・キリストよ、どうかどうか、この原稿、本になるようにわたくしを、どうか、何とぞお助けください。み心のままに、と言うべきでしょうが、どうか今回だけは、わたくしの希《のぞ》みをお叶えください。今後もう願ったり、祈ったり二度と致しませんから。

ほんと、厳しいんですよね。わたくしこの原稿を本にしたら、下層老人になってしまうんです。一冊相当な金額を出して本を7冊も出版していたら、破産してしまいます。

今までは与えられてきたからできたけれど、今度はどうかわかりません。よく考えれば、今までもあてどもなく書いてきたから、この原稿に限ったことではありません。何しろ無名の、作家でも何でもない普通の人間ですから。そういう者が7冊もの本を出版する、というふとどきが許されるのでしょうか。

み心のままに――。今年いっぱい待ってみます。一応書いておいて。

預言書は絶版にしちゃダメ！

この際、出版社への怒りをぶちまけさせていただきます。今度はこれで出版拒否になるかもしれませんが。

なるでしょう。『メギドの丘』で、昭和天皇はダビデだ～、今上天皇はその息子、ソロモンだ～と書いただけで、出版拒否になるところでしたから。生意気ですよね。相当な額のお金を出して出版するのに。

T氏なんか見てごらんなさいよ、『安倍でもわかる政治思想入門』（KKベストセラーズ）ですから。何で「昭和天皇はダビデだ～」がいけないんですか。本当のことを書くのが何でいけないんですか。

何一つわかっていない人間集団のくせに。何一つ知らないくせに。

本に囲まれていると、バカなのにまるで自分が偉くなったような気分でいる者が大勢います。ごく少数、そうではなく謙虚な人もいると思いますが。

これ私の長年見てきた人間観察の結果です。本に囲まれているだけで、自分が偉くなった気分でいる人間が、世の中には大勢いる、と。しつこいけれど『安倍でもわかる政治思想入門』ですよ。何で私の『メギドの丘』が出版拒否になるんですか。

担当者のクソバカYは「出版できたからいいじゃないですか」と言う。ムカッ。

そのせいで編集のT氏が、ものすごく神経質になっていて、何しろ、全責任をこのY氏一人が取らねばならぬという状況なもので、『神の怒り、人類絶滅の時』の原稿をすべて、こうなるかもしれない、ああなるかもしれない、と全部書き換えてしまっている。私はギョッとなってしまった。何これ？　である。

すべては何も知らんくせに、いばっている出版社の連中が（おそらくこの出版社のトップの誰かが決めるのだと思います）『メギドの丘』にクレームをつけ、自分たちは反対だが、おそらく自分たちではなく、自分が反対だから、この原稿はボツとすること。

T氏の言われるようにサル山のボスがいるのです。今も権力の座でボス山のボスが吠えていると言われます。

主人を尊敬しているから奴隷が怒らないのではないという言葉をわたくし差し上げます。出版を拒否したいが、おまえがやるというなら、責任はすべておまえが取れ、ということになっているものだから、『神の怒り、人類絶滅の時』の原稿をすべて、あいまいに「こうなるかもしれない」「ああなるかもしれない」と書き換えている。

今まで私の文章に一度も大きな書き換えなどしなかった人が、すべてあいまいな言葉に書き換えている。いかに神経質になっているかがわかった。

「元に戻さなければもう出版はしません！　予言にかもかもはありません！　はっきりと明言しなければ誰も信じてくれません！」

「殺されたらどうするんですか！」

「そんなこと最初から覚悟の上です!!」

「シャルリー・エブド襲撃事件は、週刊誌を出している会社がねらわれて殺されたんですよ!!」

「『シャルリー・エブド』はイスラム教徒の預言者を風刺する漫画を載せて襲われたけど、日本にも天皇を神であるかのように思っている人がいるんです!!」

初めてではあったが、激しいケンカ。もうほんとに大声でのケンカ。いやなことはすぐに忘れる努力をするのですっかり忘れていたけれど、この編集者、激しい口論のあとに（口だけではなく原稿上でも激しいバトル）私の言う通りにしないのなら、私は編集を拒否しますと言いました。

出版拒否、編集拒否。これで怒らないならバカ、あほう、奴隷、ふぬけです。

ブログに私の本の写真すべて載せて、インターネットができないのでよくわからないけど、SNS（他、ヤフー、と何とか）にはこう載せています、とわざわざ送ってくれる。

ブログに、何がすごいって、世界中捜してもこんな本はない。自分が待ち望んでいた本、現代の福音書とまで書いてくれる人がいる。『神の怒り、人類絶滅の時』を出版してから、急にそれまでのすべての本が動き出した（売れ出した）。

一日100人からのコメントがあり、10人はすでにこれらの本を広めるために動き出しました、云々と。たらちゃんのような、まさか出たばかりのこの本は読んでいないだろうと思っていると、ちゃんと読んでくれ、すべて5つ星の、涙の出るような、うれしい、ありがたいコメントを書いてくれている人たちがいるのに、この出版社。

この権力の座にいるサル山のボス。今までに効果なさそうな宣伝費まで入れて、相当の額を払いました。それは1000万円を超えるかもしれません。これも数字は消して、○を3つにしていたので、数字はいいとしても（今度はダメです。変なことしないで!!）○は4つです!!　4つ!!　○が3つだったら、それぐらいでゴタゴタ言うな!!　と言われます!!

予言にかもかもはありません!!　はっきりと明言しなければ誰も信じてくれません!!　権力の座にいるサル山のボスが。

要するにこの権力の座にいるサル山のボスは、ボスはボスでも人間にとってサルにとっても一番大切な「勇気」がないのですね。サルのボスの方がよほど勇気があります。

ちょうどこの時、高崎山に伝説のボスザルがいたとテレビで放送していて、ボスザル１匹で８００匹のサル軍団と戦った、と言っていて、「ほんまかいな」と思っていたら、映像が流れました。１匹のボスザルがものすごい形相で８００匹のサル軍団を追い払っていた。

１匹対８００匹です。自分がボスザルだったら完全に死ぬ。わたくし言葉を失い、しばし考えさせられました。１匹対８００匹の群れです。

この勇気。何というこの勇気。わたくし驚き、言葉を失い、深く深く考えさせられました。たとえ一人になろうと戦おうと決心しました。１匹のサル対８００匹サル軍団です。

「勇気」がないサルはボスにはなれません。権力の座で今日も勇気欠如の人間ザルが吠えている。もう何というか、疲れる出版社です。

もう完全にこれ、出版拒否するでしょうね。3年経ったから『預言の書』の契約が切れました。絶版になります。『愛の黙示録』は500冊しか作らなかったから1年経ったので契約が切れ、絶版となります。

『神への便り』が何月に契約切れで、絶版となります。まだ今から、これからという時に、最初の3冊が同時に絶版となるという知らせが来て、わたくしショック死しそうになりました。びっくりするくらいの金額に、さらに数十万円を払い、（消したり○にしたりしないで!!　このままにしてください。私怒っているんだから）5年間延ばしてもらい、2018年の2月には、すべての本が絶版となります。

また数十万円払えば延ばしてくれるかもしれませんが、わたくし、これ以上は無理です。下層老人になってしまいます。

今担当者のY氏とケンカをしていることは、「預言書を絶版にする出版社はありません!!　私の予言が成就するまで、絶対に絶版にしないで!!」と電話する度、こればかり言っています。

考えてもみてください。「ロシアに気をつけなさい。ロシアがきっかけでこうなりますよ。ロシアですよ、忘れないで覚えておいてください。ロシアに気をつけて。ロシアの動きを見ていなければなりませんよ」とずっと書いたり言ったりしてきたのに、まだロシアが何もしていないのに絶版にするのですから。容赦なく、預言書を絶版にするのですから。

絶版にしたくなければまた、お金を、前は数十万円払ったから、また同じ額を払え（今度はそれ以上かもしれません）、そうすればまた5年延ばしてやろう、必ずそう言います。あと7か月でそれをしなければ、私の預言書はすべて絶版となります。まだ何も成就していないのに。

わたくしそのことを考えただけで、ショック死しそうになるので考えないように、必死で努力しています。文芸社は情け容赦のない冷た～い人間、そしてバカで無知な人間の集まりです……と言いたくもなります。

一度はヤクザのような男から電話があり、こういう男からこういう電話があったと担当者に言ったら、「いろんな人がいますから」と言っていました。予言者をないがしろにしていると、とんでもないことになる、ということさえわからない、バカ、無知集団だとその時は正直思いました。

預言書を絶版にする出版社なんか絶対にありません。預言書はすべて残っています。調べてごらんなさい。私の預言書をまだロシアが日本に何もしていないのに、2018年、2月に絶版にします（あと7か月しかありません）。その時、私は文芸社をつぶそうと思っています（本当にやったら犯罪になってしまうので、霊的な意味で……ということにしておきましょう）。ボスにだけ復しゅうをすればいいですね。勇気のない権力の座にいるボスザルだけつぶせばいいですね。巻き添えということもありますから事前に言っておきます。

著者注・この本の編集者、きちんとお金の数字を書いていると、「読者がお金を出して出版していると知るとがっかりするから」とか「あとあとまで残るものだから」とかしつこく言ってきて、書き直したりボカしたりしようとします。そんなことみんな知っていることでしょう。

3年も経たずに絶版にすると言うから、こういうケンカになっているんでしょうが!! ここではっきり言っておきます。本を6冊作るのに1200万円以上です。でもわたくしそれぐらいでは下層老人になりません。絶版を3年延ばすのに90万円です。だから、あと7か月で絶版になるのでまた90万円取るのか、と言っているのです。

いい加減なことや嘘が私は一番嫌いです。この数字を入れなかったら、天罰が下る覚悟をしてください。

2018年2月に、私の預言書を絶版にした時は、この私が文芸社を〝つぶし〟、霊なる神が怒り、文芸社を〝つぶし〟（ボスだけやればいいという気がしてきました）、再臨のイエス・キリストが怒り、必ずひどい目に遭わせます。

26年も前の『愛の黙示録』が、あちこちで3500円もの高い値段で売られていたのは、文芸社で出版を始めた時、それが出てきてわかったということは、私に対してではなく、文芸社に対して、「山下慶子の書く物、預言の書を、決してないがしろにしてはならぬ」という神からの警告です。何を言っても通じない、お金儲けに走っている出版社ですから、何を言ってもムダでしょうけど。

私の本を絶版にしたと同時に、文芸社はダメになります（ボスだけダメにすればばいいのだと、最近思い至りました。「この原稿ボツにしろ！」と言ったボスザルだけをね）。

私と、霊なる神と、イエス・キリストで。３人でもなくて、一人で簡単です。先に教えてあげるなんて、私は何とやさしい人間なのでしょう。

霊なる神も、何でも先に、「こうするぞ」「ああするぞ」と必ず先に教えられます。それを直接受け取り、書いたのが私です。

わからないのですか。覚悟しなさい。無知で阿呆な者どもよ。『メギドの丘』をボツにせよと言った権力の座で吠えたサル山のサルのボスよ。

「山下さんが来ている日は客があふれるほど来る」

26年、26年と言っているけれど、１９８７年のことだからもう30年以上が経っている。30年以上前に、数百万円を出して『愛の黙示録』。私がつけていた題名は「神への便り」であったが、『愛の黙示録』に変えられた。

当時その金額を持っていなかった私は、母に返すふりをして、「〇〇〇万貸して」と、「そのうち必ず返すから」と言ったような気もする。

これが実の親でなかったら、完全にオレオレサギである。結局返さなかったから。母親でなかったら、サギで逮捕である。あんな思いをして音大に入ったのに、32人もの生徒がいて毎年発表会をして、最後に弾く私のピアノを聞くために知らない大人が大勢来て、石橋文化センターのホールはいつも満員だったのに。

それを完全に捨て去った私への嘆き、怒り、どうしても理解できない思い。それらが入り混じって、最後の最後まで93歳で亡くなるまで、親不孝者、親不孝娘と言って死んで往った。

「この哀れなあなたの娘に、あなたの持っている全財産をあげなさい。私は在りて在る者、天地創造の神である。あなたの持っている全財産を、この娘にあげなさい」と霊なる神の啓示があったのかどうかはわからない。あったのだろう。

姉は不自由していないから、と。姉は毎月きちんと母に不自由させないように、送金するか、自ら持ってきて渡すか、毎月それだけは欠かさず長女の役目を果たしていた。ついでに姉夫婦の所に行く度に義兄が小遣い、と言って、行く度に5万円を私にくれた。

義兄は、義兄の父の妹の息子、ノーベル平和賞を授賞した団体の日本代表だったM教授と幼い頃から男3人、姉一人の兄弟として育っていて、M教授のことを「みっちゃんが、電車で大学（長崎医大のこと。彼らの出身は佐世保で、当時はみんな佐世保に住んでいた）へ行きよった時に、急に腹が痛うなって、大学行かんと下宿へ引き返して便所に入っとったげなさ。みっちゃんがまだ便所に入っとる時に、原爆が落ちたとさ」と言っていた。この話を私は義兄から3回ぐらい聞かされた。

「みっちゃんがあの時腹が痛うなって、下宿の便所に入っとらんかったら、原爆でやられて、みっちゃんは死んどったとさ」

そう言いたかったのだと思う。「あの日、電車の中で急に腹が痛うなって、引き返して、下宿の便所に入っている時に原爆が落ちた」この話を私は義兄の彼から3回ぐらい聞いた。その「みっちゃん」は、その後、ノーベル平和賞を受賞する団体の日本代表だった。確か、医師団体としては初めての受賞、と当時言われていた気がする。

長崎大学で二人で長い話をし、姉夫婦のパーティーが開かれていた庭で、大勢の人が来ている中に、みっちゃんがいた。庭のテーブルに二人で座り、「一度うちに遊びにいらっしゃい」と言った。まだ受賞前のことである。

著者注・この長崎大学の時、私は一人でしゃべりまくっていた。27歳の時である。「すばらしい娘さんです」とM教授が言っていたよ、と母が言っていた。この時の私は気づいていなかった。後で私は気づく。このM教授が2000年前に福音書を書いたルカであったことを。

新約聖書の「ルカによる福音書」を書いた人である。

ルカは直接イエスを知らない。最初ルカはパウロについて、パウロの教えを聞きながら、パウロとともに布教していたが、何か違和感を覚え、ペテロたち弟子のところへ戻ってくる。ここがすごいのである。パウロのバカ、あほう、「オレがオレが」に気づいたのである。

バカはパウロのこのバカさかげんに気づかない。語りたいことは山ほどあるが、話がまた脱線し始めたので、この辺でやめにしておこう。

もう一言だけ言わせてほしい。マルコも直接イエスを知らない。年を取り目がとぼしくなっていたペテロは「マルコやマルコ。書いておくれ」と言い、ペテロの語ることのすべてをマルコは書いた。口述筆記である。

ペテロが「オレが、オレが」の目立ちたがりの強欲ジジイであったなら、聖書は「ペテロによる福音書」になっていた。ベネチアにサン（聖）マルコ寺院など建ってはいなかった。

マルコはペテロの口述筆記をしただけなのだから。

イエスもペテロも、「オレが、オレが」の目立ちたがりの強欲人間などではない。

M教授はやさしさの固まりのような人だった。みっちゃんの家に遊びに行きたいと真剣に思ったが、私はまだ修行の身で、ごちそうをたっぷり食べることと、義兄が行く度くれる5万円を目的に行っていたので、とても恐れおおくて行けたものではなかった。

特別なごちそうを食べ、二人が寝ても夜中にその辺にある本を読みながら、午前3時頃に寝た。翌朝、二人はもうとっくに午前中の診療を終え、「お昼よ～」の声で起こされた。

私にとっては朝食を一緒に食べ、ソファに寝そべり、積み上げるように置いてあるファッション雑誌を眺めた。庭で飼われ始めた小さな鼻のグシャッとして目がギョロッとした（思い出した、ブルドッグだった）どう見てもかわいいとは思えないポンタと、ポンコ（子犬です）がじゃれ合っているのを眺めたりした。

　お手伝いさんがいるので何もすることはなく、二人は昼食、私は朝食を食べながら「けい子に洋服ばこうてやれ」と義兄が姉に言っている。「そうね」と姉が言っている。私の服装が二人には耐えられないのである。

「けい子に洋服ばこうてやれ」行く度に義兄が5万円くれるのも、「これで洋服ば買え」という意味だったのかもしれない。

「いらない」ともう何度も断っていたので、私が欲しがらないことを姉は知っていて「あんたも少しはおしゃれをしなさい」と言っていた。何しろ潜在ファッションデザイナーの部分がおそらく死ぬまで抜け切れない人だから、「あの時、私がデザイナーになっていたら今頃は……」が姉の口ぐせだった。

「認める、認める、ボロを着てることは認める。でもその才覚は、この私にもそなわっているから」と内心思っていた。（「小学校の同窓会に行ってくるけど、〝妹さんは？〟と聞かれたら〝仙人してます〟って言っとくよ」と言っていた）その姉が帰る時は、服をドサドサとくれるのだから、必要ある時は、その姉の服を着て出かけるから。

一着十万円以上する物ばかり、セーター一枚でも十万近くのセーター、というやつを必要ある時は着ていくものだから、「わー、ステキな服着てるね」「わー、おしゃれな服」と言って、なぜか必ずみんな服を撫でに来る。肌ざわりを確かめたいのだろう。何か言いながら、必ず服を撫で回す。

「いつもファッショナブルねー」と言われる度、「なーに、姉からもらった服よ」と言っていた。服をほめられる度、「なーに、これ姉からもらった服よ」と言い続けてきた。

ジーパンとパーカーと、山のように自分で買った物があり、今はその姿が定着したが、「わー、足が長いのね。あなたの年で、そのスタイルをしている人見たことないよ」とジーパンスタイルのかっこよさをほめられる。これが今の私のおしゃれである。

いつか姉が私に言ったことがあった。

「不思議なことがあるよ、あんたが来ると、どこからこんなにウジャウジャ患者が来

「山下さんが来ている日は客があふれるほど来る」

るんだろう、一体この人たちはどこからこんなに大勢集まってくるんだろうと思うぐらい、患者が信じられないぐらい集まってくる。あんたが帰ると、サーッと引いて、いつも通りの患者の人数になる。前から不思議だなーと思っていた」と。

そんなことは私にとって日常のことであり、今もある近くの食事のできる喫茶店で、毎日、本と原稿用紙（当時は週刊誌というものを読んだことがなかった）を持って食事とコーヒーを飲むためにその店に行き、一番奥の隅に座る。その店のマスターが言ったことがある。

「山下さんが来ている日は、客があふれててんてこ舞いの忙しさだけど（それは知っている、毎日客があふれていて、マスターが毎日走り回っているのを見ていたので）、山下さんが来ない日があると、客が３人来ればよいところ。山下さんが来ると今日も忙しいとすぐわかる。来ない日があると、今日は客は来ないとすぐにわかる」

と言ったことがあった。

たたきつけるような土砂降りの雨の日、当然客は私一人。マスターが「山下さんが

「山下さんが来ている日は客があふれるほど来る」

来たから、必ず客が来るよ」と言ったが、まさかと思った。とにかくすごい雨だったのだ。

しばらくして一人客が入ってきて、私は本読みに没頭していたが、気がつくと満席になっていた。

患者や客など一切私は見ないので、そういうことが起きていることなど私は知らない。そんなことより、私の今までの体験を話せば一週間は休みなく話し続ける、ということをしなくてはならないでしょう。

私が行かなくなったら、今もあるその喫茶店はすっかりさびれてしまった（はやっていた時に土地と店ごと買い取っていて、賃料なしなので今も存続している）。私が行かなくなるには必ず理由がある。十年近くも毎日誰よりも多くのお金を使う客に対しても、「慣れ」というものが生じるのか、大切に扱わなくなる店は必ずつぶれる。

常連客の他の客より毎日お金を落としていく客を、大切にしなければならないのに、「慣れ」というものでコーヒー一杯しか頼まない新しい客を目に余るほど、チヤホヤし、長い常連の月に何万ものお金を使う客を、ないがしろにし始める。

「いらっしゃい」も言わなくなる。「来たか」という態度である。

これは商売をやっていてつぶれてしまう店の典型である。逆立ちをしながら商売をやっている店は必ずつぶれる。

30数軒つぶれた店を見てきた私の感想である。要するに、傲慢人間のやる店は必ずつぶれるということです。

ゾンビは、何もわからないまま、死んでいく

いつかT氏の本の中に、「書き始めて脱線して、そのまま元に戻らない人がいる」と書いてあった。この言葉をしっかり心にとどめ、前の6冊まではそのことを頭に入れていたので、どれだけ脱線してもきちんと元に帰ることができた。

最初の頃のものは、もっと鮮明に脱線していることをはっきりと自覚し、帰るべき箇所がはっきりと頭に入っていて、どれだけ長く脱線が続いても、脱線の自覚があるので、きちんと元に戻れた。今回は何かが違う。何かちょこっと書いて、それがどう

なった、それからどうした、が完全に抜けて、次の話に行ってしまう。

これが人との会話だったら、「さっきの話、結局どうなったのよ、結果はどうなったのよ、最終的にどうしたの」と聞かれることになる。これ、私は人との会話でもよくやるパターンである。しかし会話は消えるからそれでも許されるけれど、原稿でこれをやってはいけない。こりゃまずい。

自分が結論をきちんと言わないまま脱線し始めたな、というところまではわかる。私のおしゃべりのパターンだから、「それでさっきの話はどうなったのよ」と聞く者がいない、というだけのことである。だから、まったく自分ではおかしいとも思わないし、気にもとめていない。

今日、T氏の『死ぬ前に後悔しない読書術』という本を読んでいて、前の本のどこかに書かれていたこの言葉を思い出した。「書き始めて脱線して、元に戻らない人がいる」という言葉である。

こりゃまずいな、と思った。戻る場所がわからないのである。どこに戻るべきなのかがまったくわからない。以前は、長々しく脱線した後、上手に、元の場所に戻ったから、「え、これだけ違う話を延々としていて、よくここに戻れたな。よく忘れないで覚えているもんだな」とおそらく読む人の方が驚くであろうほど、頭が冴え渡っていた。「元に戻らない人がいる」ということは、「脱線してもいいけれど、言い出したこと、途中で放り出したりしないで、きちんとそこへ戻って、人が納得できるように、責任をもって、文章を書きなさいよ。文章を書くということはそういうことですよ。あなたのように脱線しまくって、元に戻らないなんて、いくら素人《しろうと》とはいえ、許されることではありませんよ」と何か叱られている気がした。

雑念なのか、老化なのか、真剣さが足りないのか、何なのか。雑念がいっぱいなのは確かである。その一、あと7か月で、私の書いた予言が、まだ成就もしないうちに絶版になる恐怖（私はこのことを考えただけでパニックになる）。40年もかかって、莫大なお金を払って出版した、今から起こること、これから起こることを必死で書いた予言書が、お金を払って延ばしてもらった5年があと7か月でまだ何も成就していないのに絶版になる恐怖。

考えただけで私はパニックに陥る。ピアノを捨てて頑張ったこの40年の歳月が、何も残らずムダであった、と落ち込まねばならない恐怖。価値の判断のつかない文芸社の者たちが、私にはくだらないと思える本ばかりお金を出させて出版しているくせに、『預言の書』が3年で契約切れ絶版、『愛の黙示録』、少部数しかつくらなかったから1年で契約切れ、絶版。『神への便り』も契約切れで絶版。

3年前に、もうすでに3作が絶版となりそうになっており、お金を払って、5年延ばさなければ、もうとっくの昔にすべてが絶版になっていた。大事な預言がまだ何も成就していないのに。すべての本の絶版まであと7か月しかない、という恐怖。あせり。

考えると私はどうかなりそうになる。Iさん、という方が数年前に書いてくれたブログを引用します。東京大学卒業、千葉県在住、三十七歳、税理士、この情報を彼女がどうやって得たのか、私にはわかりません。

「Iのブログ」（2014年1月23日）

〈以前にこのブログで山下慶子さんの『メギドの丘』という作品を紹介させて頂きました。同じく山下さんの著書に『神からの伝言』という作品があり、こちらもお読み頂ければと思うのですが、そのなかで「『無責任』と『勇気のなさ』は、再び日本にわざわいをもたらす」と言っておられます。

これは、まさしく至言だと思います。現代日本人（＝イスラエル人〔※同著参照〕）に痛烈に響く警句です。もはやこの段階まで来たら、真実を知ろうとしない、そのことすら罪と言えるかもしれません。知らなかったでは済まされないというところまで来ているのです〉

このIさんは、フェイスブックに『メギドの丘』を載せて宣伝してくれています。Aさんという方もブログで、「6冊すべて私のお宝だけれど、特に『メギドの丘』と『神の怒り、人類絶滅の時』が最高のお宝です。何がすごいって、世界中捜しても、このような本は見つかりません」と書いてくれています。

この『メギドの丘』を、寄ってたかって上層部の者たちは、出版拒否しようとしたらしい。

価値の判断もつかない無知の者たちが権力を振りかざし、勇気のかけらさえもなく『メギドの丘』の出版に反対し、「何かあったらすべての責任をおまえがとれ」と編集者T氏一人に押しつけたと聞く。全責任を負わされたT氏は神経質になり、『神の怒り、人類絶滅の時』の原稿に大きく手を入れ、TやFや、○○や、すべてをあいまいな文章に書き換えた。

予言なのに「こうなるかもしれない。このようになるかもしれない」。大事な所もすべてあいまいにされ、「こういうことが起きるかもしれない」とされた。もうギョッとなって、「すべて元に戻さなければもう出版はしません。何ですか、かも、かもなんて。予言にかもかもはありません」と怒る私。

彼の方も必死。『メギドの丘』の出版を上層部は拒否する、と言ったのに、一人だけ「私がやります」と言ったからやっと決まった、と担当者のY氏が言うように、全責任を負わされたT氏は神経質になり、当たりさわりのない、私にすればくだらないどうでもいい文章に書き換えた。

初めてこの編集者と火花を散らし、お互いに声を荒らげ（私は怒鳴った）、彼も負けずに反論してくる。いかにくだらない出版社かわかってもらえるでしょう？　一般の人がこれだけ『メギドの丘』を称賛してくれているのに、価値の判断のつかない、肝心の出版社の上層部が偉そうに「出版拒否」を宣言するのだから、私には馬鹿集団としか思えない。もう私はあきれて物が言えない。

今日読んだ哲学者T氏の言葉をこの人たちに差し上げます。


家畜は、結局、何もわからないまま、死んでいく。（T氏の言葉）

ゾンビは、結局、何もわからないまま、死んでいく。（私の言葉）

含蓄《がんちく》あるこの言葉、噛みしめてください。悔いて、心底改めない限り、あなた方に救いはありません。

東京のヘンチクリンなねえちゃんたちより、さらに厳しい裁きを、あなた方は受けることでしょう。

あなたたちは「その男を殺す罪は、我々と我々の子孫に降りかかってもよい」と言った

イエス・キリストを十字架にかけて殺す時、群衆は、はりつけにされたイエスに向かって「おまえが神の子なら、その十字架から降りてみろ!!」と叫んだ。三十三歳でイエスは殺された。三十三歳でイエスは両手両足を釘で打たれ、脇腹をやりで突き刺され、殺された。

「おまえが神の子ならば、その十字架から降りてみろ!!」という叫び声を聞きながら。

私ははっきり言う。「アウシュビッツでユダヤ人たちは殺された。アウシュビッツで家畜のように扱われ、裸にされ、ガス室でガスを浴びせられ、一日薄いスープ一杯とパン一個で働かされ、骨と皮になり働かされ、あげくゴミのように捨てられ殺され

た」

総監ピラトが「私はこの者に罪を認めない。こらしめてから許してやろう」と言ったのに、ゾンビの群れのあんたたちが「殺せ！　殺せ！　殺せ！」と言った。価値の判断のつかないバカの群れ。もう一度言うよ、大切なことだから。今、現代において最も大切なことだから、もう一度言うよ。価値の判断のつかないバカの群れが、ここでやめておけばよかったのに。あんたら「その男を殺す罪は、我々と、我々の子孫に降りかかってもよい」と言った。

ピラトが殺すことを渋ったからだ。あんたら自分たちの言ったことを忘れたのか。もうそこからして価値の判断のつかないバカ、ゾンビ、家畜だ。家畜は、何が大切で、何が大切でないかなど考えない。何が悪いことで、何が悪いことではないかの判断のつかない人間に「悪いことをしてはいけません」と言ったって、まったく無意味なことである。今はこんな人間ばかり。

ゾンビ魂の人間もそう。バカ及びゾンビは、人の言うことも聞かないだけでなく、自分の言ったこともすぐに忘れる。何しろ何も判断ができないどころか、考えるという能力がまったくないのだから。家畜が何か考えごとをするかね。本能だけで生きるのが家畜でしょう。

家畜は人間ではない。本能だけで生きる者は、人間の姿をしていても、彼らは人間ではない。家畜の方がずっとかわいい。いとおしい。

もう一度言う。何が悪いことで、何が悪くないかの判断のつかない人間に「悪いことをしてはいけません」と言ってもまったく無意味なのである。ゾンビ人間に、このようなことが通じるわけがない。

家畜は家畜同士でののしり合ったり、罵詈《ばり》雑言を言ったり、仲間を批判したり、仲間同士でへ理屈を言い合ったりしない。動物の方が人間よりずっとかわいいし、いとおしい。彼らは人間ではない。女だてらに国会議員ともあろう者が「ちーがーうーだろー!!　このアホー!!　このハゲー!!」などと叫んだりはしない。ついでに最近驚いたことを2、3書きます。

NHKの「ためしてガッテン！」という番組を見ていたら、「疲れ目撃退！　本当の原因解明SP」という特集でしたが、「昔、私たちは魚だった」と堂々と言っていました。デカい魚の写真が映されて、例によっていろいろな動物が映っていて、最後に現在の人間になったと言っていました。

私は人間もここまで来たか、と思った。そうではないことを『預言の書』にいくら懸命に書いても何一つ通じない。もう放っておくしかありません。

映画のタイトルらしく、若い女の子が「君の膵臓を食べたい」とテレビで盛んに言っています。「私が死んだら私の膵臓、君が食べてもいいよ」と。

完全に人間がゾンビ化していますね。豚や牛、馬、犬猫でさえ、仲間の死んだ肉を食べたりはしないでしょう。ましてや、ゾウやキリンやヒョウやライオンなど、どれだけ飢えても仲間の死骸を食べたりなど決してしません。こんな発想、人間だけです。「人間はかつて魚でした」とか「君の膵臓を食べたい」とか「私が死んだら私の膵臓、君が食べてもいいよ」とか。少子化でよかった。子供が生まれてこない世界になってほんとによかった、とわたくし改めて、つくづく思いました。おぞましい人間より、動物の方がずっとすばらしい。

言っておきますが、こういう世界だから、イエス・キリストが再臨して、天地創造の神が、「最後の審判を行え‼　地球もろとも人間を消し去れ‼　銀河に住むヘンチクリンな者どもを1匹たりとも取り逃がすなよ。最後の審判を行うのだ‼」と言うわけで、イエスが再臨したのですね。ずーっと最初からわたくしそれを言い続けているのですが――。

さて、イエス・キリストを殺したゾンビの群れの話に戻るが、あんたらはイエスを殺す時「その男を殺す罪は、我々と我々の子孫に降りかかってもよい」と、はっきりと言った。それをすればどうなるか、これを言えばどうなるか、物事の判断のつかない、物を考えない、思索など夢のまた夢の人たち。

T氏によると、こういう人間は、「脊髄《せきずい》反射人間」って言うんだって。思索をせず、「殺せ！　殺せ！　殺しちまえ！　結論をさっさと出せ！　白黒をさっさと早く決めろ！　ならばさっさと対案を示せ！　早く対案を出せ！」と、こういう人間のことをT氏は「脊髄反射人間」「取り返しのつかない人」と言われる。

私が言うように、あんたらがバカで阿呆で脊髄反射人間で魂がゾンビで、家畜人間であることを知っていたから「父よ、彼らをお許しください。彼らは何をしているかわからないのです」とイエスが言ったのに。あんたらイエスにバカにされていたんだよ。人間なのに「彼らは何をしているか知らないのです」と言われたんだよ。もう、完全にバカにされているね。

イエスを殺した群衆よ、あなたたちは完全にイエスにバカにされていた。そして霊なる神が、「いくらイエスをなぶり殺しにしても、彼は決して死なぬぞ」と完全復活をさせて、「肉体を殺しても、それ以上のことのできぬ者を恐れるな！　霊体を消滅させられる人間の霊体を消滅させることのできる唯一のお方、霊なる神を恐れよ！　霊体を消滅させることは、この私にもできぬ。霊体を殺すことのできるお方は、霊なる神、ただそのお方だけである。だから、肉体を殺す者を恐れるな。霊なる神を恐れよ！」と言われた。

だから、あなたたちが二千年前に殺したイエス・キリストは死んでなどいず、生きていて今復活した。よせばいいのにあなたたちは「その男を殺す罪は、我々と我々の子孫に降りかかってよい」と言った。殺すことに反対だったピラトは、暴動になりそうだったため、聖水で手を洗い、「私はこの男を殺す罪は負わぬ、この男を殺す罪はあなた方が負え！」と言った。群衆はイエスをさんざんな目に遭わせ、そして殺して歓喜した。バカどもめ!!

自分たちが犯した罪の結果、あのような「取り返しのつかない」ことになったのに、ゴタゴタ言うな!!　70年以上も悟りもしないで、どうだこうだ言い続けるな!!

「取り返しのつかない」ことをしたのはあなたたち自身だ!!　ああいう目に遭った、こういう目に遭った、と70年以上経つのにゴタゴタ言うな。次の、アウシュビッツどころではない怒れる霊なる神の、剣を持って再臨した怒れるイエス・キリストの、霊肉消滅でも恐れろ!!

怒らない者は奴隷です

私の本は最初からきちんと読まないと、何が何だかわからないようになっとる。最近気づいたか。ずっと私は最初からの続きを書いておるようだ。耳をかっぽじって、真実の目をもって、よく読め!! 助かりたいなら、救われたいなら。

あんたらが何を思っておるか、私にはつつぬけじゃ。おまえが神の子で、イエス・キリストの弟子ペテロなら、その原稿7冊目を出してみろ! おまえがほんとに神の子でイエスの弟子、ペテロなら、7冊目の本を出してみろ。我々がイエスに、「おまえが神の子なら、その十字架から降りてみろ」と言ったように。

T氏もF氏もほんとに辛抱強いですね。まだゾンビたちをどうにか救おうとされている。頭が下がります。すべてをわかった上で、なのだから。わたくしが一番勉強させていただいております。

週刊新潮8月3日号にT氏と京都大学大学院F教授の対談が載っていて、わたくし3回読ませていただきました。目を皿にして、1行も見落とさないように、頭に叩き込むために、3回読みました。

文章って「生きた文章・言葉」と「死んだ文章・言葉」があるのですね。T氏の文章・言葉が生きているから、わたくしも生き返り、身体中に活気がみなぎるのですね。心底から感謝、感謝です。

わたくし、もうほとほといやになって、学生時代のことなんか書いてしまって。どの道また、怒りのせいで、予言的になってくるでしょうが。最近いつも頭にあるのですから。

「都民ファースト」って何ですか!!　都民はわかるけれど、ファーストって何ですか!!　都民がファーストって何ですか。

最近、「国民ファースト」と言われました。次は「日本ファースト」でしょう。そういう考え方で、日本は太平洋戦争へと突き進んでいきました。「日本ファースト」なんておやめなさい。

世界中で最も恥ずかしい国はこの日本です。軽々しく「ファースト」なんて言うのはやめなさい。前にも言ったけれど、もう一度言っておきます。北朝鮮も中国も日本にとって脅威ではない。世界の中で一番最初につぶれるのがこの日本です。前にも言ったけれどもう一度、はっきりと言っておきます。

都知事、あなたファッションショーみたいにして東京をカッポする必要はありません。そっちにばっかり目が行って、週刊誌にもあなたの服の特集を載せたり、何でも行き過ぎるとヘドが出ます。都民がファーストとはどういう意味ですか、都民だけがファーストなのですか、それともアメリカの大統領のアメリカファーストの真似？

あなたもやっぱり人真似の上手な人ですね。日本人は他国を非難《ひなん》する資格など一切ありません。他国を非難などするな!!

戦時中でしょうか。その前からなのでしょうか。彼女も言っていたけれど、自分の近所の家には、ほとんどの家に、昭和天皇の写真が大きな額に入れて、どの家庭にもうやうやしく飾られてた、と。お年寄りなら記憶にあると思います。

私の家にはなかったけれど、一般の家に大きな天皇の写真がうやうやしく飾られているのを雑誌の写真か何かで見て驚いたことがあります。一般家庭に天皇の写真を飾る。北朝鮮と日本のこれと、どう違うのですか。

日本が植民地にして朝鮮という国を奪い、堂々と大勢の日本人が朝鮮で生活していた時がありました。ある人が自分が朝鮮半島にいた子供の頃のことをテレビで語っていましたが、朝鮮の子供が自分を叩く。子供だった自分は、朝鮮の子供がなぜ自分を叩くのかわからなかった。

がある時、自分は子供だったけれど、朝鮮の子供がなぜ自分を殴るのか、子供ながらに自分は理解した、という。日本人の子供である自分は白米を食べ毎日ごちそうを食べていた。しかし、朝鮮の子供たちは食べる物がなく、毎日いもばかりを食べていることを知った。その時、自分は子供だったけれど、日本人である自分たちは朝鮮で悪いことをしているのだと、悟った、とテレビで語っておられました。

さんざん日本人は朝鮮にも中国にも、憎んでも憎み切れないほどの悪いことを昭和天皇の時代にやってきたのです。天皇の写真をデカイ額に入れ、うやうやしく家に飾っていたのです。

北朝鮮と日本がやってきたことと、一体どこがどう違うのですか。個人も国も自分がやってきたことはどれだけ時間がかかろうとも必ず我が身、我が国に返ってきます。因果応報というものです。

これは真理だから、絶対に逃れられない。よいことをすればよいことが返ってくる。北朝鮮、中国、韓国から何をされようと、黙って耐えるほかありません。日本国がこれらの国にやってきたことのお返しなのだから。

日本はほんとにひどいことをした国です。天皇も含めて。国民が餓死してバタバタ死んでいる時に、天皇は毎日ごちそうを食べていたのではないですか。これも今の北朝鮮とおんなじではありませんか。わずか72年前のことです。再びそうなる、と言っているのです。

善人ヅラして、偽善を振りまき、自分たちがやってきたことを、ケロッと忘れ、偽善者の顔をして、北朝鮮や中国を非難する。日本人は北朝鮮や中国を非難する資格はありません。中国や北朝鮮からやられたことは、すべて受けて立たねばなりません。自分のやってきたことのお返しをやられているのですから。

そういう意味でも、天皇という者の罪の重さを私はどうしても思ってしまいます。まだ終わっていないあの太平洋戦争を起こした日本人の罪の重さを、天皇というものの罪の重さを思ってしまうのです。巻き添えにされた拉致被害者と、その家族の壮絶な苦しみを、未だ終わらぬ苦しみを思うと、天皇というものに対して憎しみが湧いてしまいますし、北朝鮮や韓国、中国を非難する日本人の軽さ、無責任さ、恥知らずなところが我慢できないのです。

「スクープドキュメント　沖縄と核」（NHK）をぜひ観てください。私はテレビで2回観ました。すべての謎が解けます。日本がなぜ核兵器禁止条約に署名しなかったのか、なぜ今の日本国首相が異常な言動をするのか。恐るべき真実と事実が明らかにされました。ぜひ観てください。

自分がやったことは、自分の国がやったことは、どれだけの時を経ても必ず自分に返ってきます。よいことをすればよいことが来る。悪いことをすれば天罰が下る。これ、真理です。

子供の質問ではないけれど、なぜ天皇を敬わなければならないかを教えてください。はっきりと、きちんとごまかさないで、なぜ天皇を敬い、崇拝し、尊敬し、神のごとくにうやうやしく接しなければならないかを教えてほしい。このわたくしに、はっきりと、きちんとわかるように、ごまかさないで、教えてください。

この地球が消滅する前に、私のこの疑問に誰か答えてください。教えてください。なぜ天皇にひれふし敬い、崇拝しなければならないのかを。

日本はもうダメです。手遅れです。危険水域を超えています。

頭の中ではこういうことを考えているので、「もう書かないぞ、予言は」と思っていても、また出てくると思います。怒らない者は奴隷です。奴隷は決して怒りません。主人を尊敬しているから奴隷が怒らないのではありません。忘れているのです。泣いたり、笑ったり、悲しんだり、喜んだりするのを人間が忘れるように、怒りを忘れているのです。

私は怒りまくる自分を自己弁護しているのです。誰も私に「怒ってもいいよ」と言ってくれないので。

たらちゃんに「ありがとう」と伝えたい

つい最近ガソリンスタンドのお兄さんのS君にコピーしてもらったN・T（名前はわかっています）――たらちゃん、法律関係のお仕事をしているのではないかな、と、これ私の勘ですが……。他は何もわかりません。年齢も住所も。このたらちゃんのレビュー（レビューって何？　と聞きました）がありがたいです。

インターネットもできない、ケイタイもスマホも持ったことがありませんので。SNSが何なのかもまったくわかっていません。ツイッターとやらも。それを承知で、ブログやレビューに書いてくださるからありがたいのです。書いた本人が自分のコメントやブログを読んでいないと知りながら。何の返事も反応もないのですから。

つい最近のたらちゃんのコメントの中に、他の人のコメントが入っており、担当者のY氏が、たらちゃんがこんなことを書いていますよ、と電話で読み上げてくれました。しかし、その他の人の所をスッ飛ばしました。

私は確かその日にS君からコピーをしてもらっていたばっかりだったから、「たらちゃんのその上にこう書いてあるでしょう」とY氏に言った。「これ書いた人、クリスチャンですよ」（私のただの勘です）と私は言った。

Yさんは私が傷つくと思って、その部分だけをスッ飛ばして読んだ。5、6年前からたらちゃんという人が、本の写真まで載せてコメントを書いてくれているのに、「ありがとう」と感謝の伝えようがない（先ほども書きましたが、最初レビューが載った時には本の写真が出ていましたが、インターネットのトラブルがあったようで、新しく見るとコメントだけが書かれています）。この本をどうしても出版したい、と切に思っているのは、このたらちゃんに、「ちゃんと読みましたよ、ありがとう、感謝しています」とこの原稿を通して伝えることができるからです。

何が一番大切か、〝感謝〟です。生かされていることに感謝、すばらしい人に出会う感謝、自分を高めてくれる本に出会う感謝、前の本の「まえがき」に、私はT氏への感謝を込めて、「最後まで読んでください」とT氏への伝言とメッセージを書きました。でもあの本をT氏が読んでくれるのか、読んでもらえないのか、まったく私にはわかりません。わかってはいても何となく淋しい気持ちはあります。

その点、たらちゃんは違います。出版したばかりの書店に並んだのは3月半ばから、まだひと月と少し前です。まさかこれは読んでいないだろう、と思っていたら、6冊目のその本のたらちゃんのコメントが書かれていた。驚きました。

そして、ありがたくてありがたくて、涙が出るほどうれしくて、心底感謝しました。どれほど時間が経って出した本でも、たらちゃんは必ず読んでくれる。本当に伝わるだろうか、と心配する必要のないことが、私にとって、心底安心できることです。

T氏への伝言が伝わったのかどうか、私にはわかりません。無名の、作家でもない素人《しろうと》の書いた物は読まれないかもしれません。それも運命、これも運命。

そこで、やっぱりたらちゃんのコメントをここに紹介させていただきたいと思います。最後に書かれていたコメントの上に、他の人の書いたコメントがついていますゥ(担当者のY氏は、私が傷つくと思って、たらちゃんのコメントだけ読んで、この人のコメントは読みませんでした)。

知性が感じられないコメント

正直言って、ギョッと驚き、ムラムラと怒りがこみ上げてきました。書かなければいいのに、と思ったからです。この人のコメントを信じた人は、絶対に、私の本は読まないでしょう。山下慶子の本は、途中で読むのをやめるほど、くだらない読む価値のない本なのだ、という彼女のコメントを読み、彼女のコメントを信じた人は必ずそう思うでしょう。

この5、6年、6冊の本で、あのクリスチャンの女が「救われる数が少な過ぎる。あなたの言うことは間違っている。私は笑ってしまう（フン）笑。神はすべての人を救われます‼」と食ってかかってきても、「十四万四千人という数字は黙示録のヨハネが言った数字なのに、クリスチャンなのにそんなことも知らないのか」と私はほとんど冷静でした。

それにこの人、文芸社から出した自分の本の中でもしきりにそれを書いてわめいていましたが、「説得力のすごさに圧倒された」という言葉を書いていたので、それほど怒る気にもなれず、こういう人は放っておくべしと思って、ほんとに放っておきました。要は「私の言うような少なさではなく、（本当は黙示録のヨハネが言った人数）神はもっと大勢の人を救われます」と言っているのだから、私はまったく動揺もなく、冷静でした。

しかしあのコメントには、「みんな、この本を読むな！」という恐ろしいほどの悪意を感じました。悪魔の残党、と私は思いました。悪魔の使い、ルシファーの一番弟子、私はそう思いました。

ルシファーは改心して、悪魔の親分はもうさっさと改心して、ペテロの私と手を結んで結束しました。気の遠くなるような時間を飛び越えて、もうすっかり和解し、仲良くなったのに、この女、ルシファーの一番弟子だった女が出てきて、たらちゃんのコメントの中に一人入りこんできた。何か恐ろしくて身ぶるいしました。悪意に満ち満ちていて。

称賛と共鳴の言葉以外、今まで一度もこのような言葉を聞いたことがなかったので、あの女の言葉が頭にこびりついて、ずいぶん長い間離れませんでした。何よりもあの言葉を信じた人は、誰一人、私の作品を一冊も読まないでしょう。そこですべての本に5つ星をつけてくれて、初期の頃の本の写真まで載せてくれているたらちゃんのレビュー、コメントをやっぱり紹介させてもらいます。一人の若いクリスチャンの女のコメントも一緒に。

あのですねえ、何も書いてなくても、名前とか女とか年齢とか何一つ書いてなくても、言葉を読めば、「クリスチャンの若い女」ということぐらいはすぐにわかってしまいます。予言者をバカにするでないよ、あんた。では、たらちゃんのレビュー、コメントです。
○２０１４年11月20日『神からの伝言』星５つ。
「読みやすい表現で書いてある。ここ数年本を読んだことがないが、著者の想いがスーと入る感じ、この本に早く出合えたなら人生軌道修正できたかも。著者に感謝」
○２０１４年11月20日『メギドの丘』、星５つ。
「良い本です、今まで真実をしらない人は、読んだほうがいいのでは」

著者注・『メギドの丘』をこんなに喜んでくれている人がいるのに、文芸社はなぜこの本を出版拒否などにするのですか!!　出版拒否、編集拒否まで宣言されて、『神の怒り、人類絶滅の時』は、途中で完全に書けなくなりました。なぜこんなに私を文芸社は苦しめるのでしょう。

なぜ？　なぜ？　なぜ？

私はいまだにこの仕打ちが忘れられず、怒り、文芸社をいまだに呪っています。予言書を平気で絶版にする文芸社を、あと7か月ですべての本をこの文芸社が絶版にすることも含めて怒っています。

予言が何かをわかっているんですか。今から起こること、これから起こることを書いて、40年もの月日をかけて、莫大なお金を払って、それでも安堵している矢先に、絶版、絶版、それがいやなら、また金を出して5年延ばせ。あんたの本はもう絶版。『メギドの丘』はボツとすること。出版拒否。この本は出版してはならない。霊なる神も、イエス・キリストも怒っています。まだ予言の何も成就していないのに。文芸社に天罰が下りますよ……。みんなこんなに喜んでくれる『メギドの丘』を、何ゆえに出版拒否、編集拒否にすると、脅しのような勢いで言ったりするのですか。

そんなことをしていると、文芸社にわざわいあらんことを――と呪ってしまいますよ。私の怒りもうらみも呪いも消えてはいません。あと7か月しかないのですから。すべての本の絶版まで。

これが怒り、うらみ、呪わずにいられましょうか。ルシファーと手を組み、すっかり仲良くなり、互いに結束して以来、私の霊力は、以前に比べ、さらに強く強大になっています。

文芸社が私の本の価値を認めないなら、「呪いあれ!!」「天罰が下らんことを!!」と呪ってしまうかもしれませんよ。

◯2016年6月19日『神への便り』星5つ
「読みやすく、自分が体験した事なので真実と思う。聖書他解説が良くわかり、読みやすい。前世ペテロが今世紀に登場しているとは、驚きだ」
◯2016年6月19日『神の怒り、人類絶滅の時』星5つ
「人間に最後の伝言、私はもう待たぬ。ペテロ（著者）の言われる事、一々ごもっともなり。自分も霊体焼かれ消滅する、覚悟した——」

著者注・霊体を焼かれ消滅するのはたらちゃんではありません。別の者です。安心して過ごしてください。そのことも私は本書を通して、たらちゃんに伝えたかった。

例の女のコメントと、たらちゃんの二人のコメントを書きます。
◯2014年10月17日『預言の書』星二つ
「期待が大きすぎたのか、がっかりしてしまいました。聖書の引用記事が間違っていたり、ちょっと信頼性が薄く感じられた時点で読むのをやめてしまいました」
コメント　一人のお客様がこれが役に立ったと考えています。

この女の文章、賢いとは言えない文章ではないか。本など今まで一冊も読んだことのない人間の文章である気がします。そのくせ聖書をちゃんと読んでもいないのに知っていると思わせたい気持ちが伝わってくる気がするのは私だけでしょうか。

気高く、品性のある者は、「聖書の引用記事」などという下品な言葉は決して使いません。「聖書の引用箇所」と書きます。「聖書の引用記事」という書き方だけで、いかに品のない、本など読んだことのない人間だと私にはすぐにわかります。言葉に品が感じられないのです。

目の前にいたら、「聖書の引用記事のどこのどの部分が間違っているか言ってごらんなさい」と聞きます。このたぐいの人間は、私の質問に一言も答えられないのではないでしょうか。何も知らない者が口先だけでペラペラ品のない言葉を発しているだけではないかと思えます。

「聖書の引用記事が間違っていたり、ちょっと信頼性が薄く感じられた時点で読むのをやめてしまいました」――もう、申し訳ないけれど、知性が感じられない人間としか思えない。あなたはこれを書いたらどうなるか、自分のコメントで人々がこの人の本のことをどう思うかさえわからない。

本をよく読み、聖書をとっくの昔に丸暗記している私としては、「あなたは間違っている」と言うしかない。しかも私には品のかけらも感じられない。知性の欠如がこの文章で露呈されてしまいました。

聖書の言葉を書くのに私は聖書を一切必要としません。マルティン・ルターや、パスカルが同じことをやった、と後でわかって、彼らと同じことを私はやったのだ、と少々驚きました。

あの新約聖書の4つの福音書を一つにまとめる作業に、私は3年の月日を費やしました。二千年経ったから、彼らも許してくれるだろう、と思います。あの4つの福音書を一つにまとめるのに、3年を費やしたのですから。

私なりに見事にまとめられ、文句のないところまでまとめあげられた。大変ではあったけれど、時間はかかったけれど、これをいつか世に出そう、と秘かに思っていた。そのとき、読んでいた本の中に、マルティン・ルターやパスカルが、この4つの福音書を一つにまとめようとした、と書いてあったのです。

「あれ？　彼らも同じことをしようとしたのだ」と思いました。彼らのやろうとしたことも、私が3年かかってやり終えたこの原稿も、いまだ世に出ていません。それはそれでよいと思っています。

こんなことを言っては申し訳ないけれど、あなた、あのコメントは書くべきではなかった。奥ゆかしさのある人は、あのようなコメントは、自らの無知と愚かさを露呈するようで、とても恥ずかしくて書けないと思います。

予言者の私ははっきりとあなたに言います。私の本の価値に気づかないようなら、あなたは火で焼かれ、消滅してしまうでしょう。

火で焼かれ、消滅するのはあなたのような知性の感じられない言葉をコメント欄に平気で載せる、奥ゆかしさも、品のかけらも感じられない人間だからです。これを書いたがために、あなたにはわざわいが降りかかってくるでしょう。霊なる神と、イエス・キリストを汚したのですから。あなたの言葉は悪意に満ちている。火で焼かれ、永久消滅は、あなたのような人間です。

○2015年9月19日、投稿者たらちゃん。同じ『預言の書』に対する、たらちゃんのコメント。実に対照的な二人のコメントでした。星5つ。

「手元に置きたい本。イエス・キリストの弟子でなければ、とても書ける内容ではない、本人しか知りえない事が書いてある。今まで理解できなかった知らない常識化された嘘がようやくわかってきました、著者に感謝です」

たらちゃんは、ほんとに感謝の心が強い。

「感謝」——もうそれだけで、新しい天と地へと行く人です。

「素直」——もうこれだけでも新しい天と地へと行く人です。

「正直」——もうこれだけで、霊なる神とイエス・キリストに愛される人です。本を読める人は幸福です。

しかし、田を耕し、野菜を作り、世の人々においしいくだものを食べてもらいたい、と日夜汗を流している人々が大勢います。朝早くから漁《りょう》に出て、魚をとり、これらの人々のおかげで私たちは飢えずに生きてこられた。

田舎でも殺人事件は日常と化しています。腐り切った東京にも、ごくわずかな正しい人がいる。

本とは縁のない田舎に住むご老人の中に、年を取った今日まで、「感謝」と「正直」と「素直」「純朴」「勇気」――これらのものを失わずに持っている人がいたら、もうそれだけで十分なのだ、とわたくしは考えております。長く生きてきた人は、勇気があったから永く生きてきたのです。

この険しい人生、「勇気」がなかったら、とても生きてはいけません。逃れられない災難が次々とこの人間の人生には襲ってきます。それに立ち向かうか、苦しみから逃げるか、いじめ自殺の中高生が受けているいじめも、大人のいじめも、子供のいじめも、それはすさまじい。

しかし、どれほどの苦難であっても「勇気」を持って立ち向かい、生きる努力をしなければなりません。一つの大きな苦難に出くわして、自ら死んでしまうというのは、気持ちはよくわかります。しかし、やっぱりわたくしは「勇気」がなかったからだと思います。

イエスは、人さし指を天に向けて、「上を見なさい」と私に言いました。霊なる神を、天地創造の神を見出してください。

年を取った最後まで「勇気」「感謝」「正直」「素直」「純朴」――これらがあれば、その人たちは本とは縁がなくても、霊なる神に愛され、イエス・キリストに愛され、必ずや新しい天と地へ行くと思います。

「著者に感謝」というたらちゃんの言葉だけで、もうわたくしこれらすべてを持っている人だと確信しました。本を読める状況にある自分に、心から感謝したいと思います。そして何より、たらちゃんに感謝。

ルシファーとの対話とT氏の本の話

この間ルシファーが、「わしもあんたにもまだお役目が残っとるもんな。最後まで見届けるというお役目が」と言っていました。私は、

「ちょっとあんた、私が最後の審判をポケーッと見ていてどうすんのよ。わたしゃ一人でも多くの人を新しい天と地へ連れて行くために、あんたの言う父上がそれを望ま

れているんだから頑張って頑張って死にそうになるぐらい頑張って。最後まで見届けるどころではない。私の命の大切な本が、あんた知ってるでしょ？　あと7か月で絶版よ、絶版。わたしゃ今、逆さ十字架にかけられている気分。

死にそうになっている私に、あんたも少しは協力したらどうなのよ。あれだけ固く、互いの愛を確かめ、今までのすべてを水に流して結束したんだから、あんたも協力したらどうよ。そっちで」

と言いました。すると、「あのなあ、あんたが言うて聞かんもんが、わしの言うこと聞くわけがなかろうが。あんたいいかね。あんたの言うことを聞かんもんがわしの言うこと絶対に聞かん。あんたわからんかね。あんたわしと手を組んでから、昔の自分の想念よりもさらに自分の想念が強うなったのを感じておる。手を組んであの涙の和合、あんたはケロッとしておったがわしゃ泣いた。あれだけわしを憎んでおったのに、極刑に処すべし、と言っておったあんたがわしを許してくれた。父上もわしを許してくださった。わしはうれしゅうてうれしゅうて泣いた。あんたはケロッとしておったが。あんたが感じておるその霊力、想念の力が強まったことが、わしのあんたへの協力の第一歩たい。周囲で起こる現象で、確かに以前とは違う自分の想念が強まった、と感じとる。それが今のところのわしの協力たい。

わしもあんたも、最後まで見届ける、というお役目は残っとる。これは本当のことバイ。あんたパニックにならんと、もう少し冷静になり、落ち着きなさい。わしがついていていて、父上がついていていて、イエス・キリストがついていていて、なんであんたそげん一人でバタ狂う。あんた一人で気も狂わんばかりにバタ狂いよるか、それって、わしのことや父上のことやイエス・キリストのことば信じとらんちゅうことバイ。

落ち着かんね。落ち着きなさい。あんたの師、イエス・キリストがあんたのようにオロオロ、オタオタもう死ぬ~とか叫んだり、呪ってやる、とか一度でも言ったのを聞いたことあるかね。そんなことは一度も言わぬ、あの人は。

あんたまだ修行が足らん。わしもまだ抜け切れんところがあって、それがチョコチョコ顔を出す。あんたの修行は、自分の我で考えず、すべてを父上におまかせする、という修行ばせんといかん。イエスにはこれがあった、殺されようと、どんな目に遭おうと、自分を信じない者が周りにうじゃうじゃいようと一切動じなかった。自分の我で考えず、絶対的な能力で、目には決して見えん父上をその絶対的な知恵と能力で信じておったから、一切、何があっても、何があろうとも動じなかった。

あんたのそのオロオロ、オタオタするところが、イエスにはまたかわいかったんじゃがの。ま、あんたとイエスはまだ天と地の差がある。師と弟子だから、まあこれはしょんなかたい。わしも人のことは言えん。悪魔の親分としてのクセが、チラッチラッと出る。これば直さんといけん。

あんたもわしもまだ修行の身たい。わしはこのチラッチラッを直すこと、あんたは自分の我を振り回して一人で狂い回らんと、人事を尽くして、あとは悩んだり、狂い回ったりせんと、じっと落ち着いて天命を待つ修行たい。

お互いあとちょっとやな。わしゃあんたを裏切ることは絶対にせん。わしのこと信じてよか。わしゃもうほとんど『愛の人』になっとる。あんたを裏切るようなことは決してせん。嘘もつかん。地上におるもんと、目に見えん霊界におるもんが一致団結して協力し合うこと、これが父上のわしへの命令たい。次のステップのわしの仕事、役目たい。

父上がそうしろ、とわしに言われる。イエスはわしにも、『あなた方は互いに愛し合え』そう言ったぞ。わしは泣いた。うれしゅうて泣いた。そういえばあんたも最近涙もろうなったと言うとったな。兄弟になったとたん、似てきたみたいだ。わしも最近涙もろうなった。あんたのように年くっとらんのに。

ここでは年は取らん。わしゃ青年じゃ。とにかくあんたの協力はする。じゃが、あんたの言うことを聞かんもんを、わしゃどうすることもでけん。誰かをやっつける時に、飛んできて、一緒にやっつけてやる。あんたが本気でやっつけようと思った時、わしゃ飛んできて一緒にこのやろう、このやろうと言ってやっつけてやる。

イエスのような力はあんたは持っとらん。じゃが何も持たんと想念だけで相手を自由にすることはできた。その想念が、前よりもっと強まったことを最近周囲で起こる現象で感じ取っている。あんたいい題名をつけた。〝地球消滅〟じゃ。〝地球消滅〟。〝手紙〟なんちゅう題名で書いても、明日の日もあるさ、とボケーッとしておって、スッ裸で前だけお盆でかくしてテレビに出てみたり、異常な人間の大食いをテレビで見せたり、やれダイエットじゃなんじゃとくだらんことをやったり言ったり、食べなきゃやせるに決まっとるだろうが。

ダイエットし過ぎて死にそうに骨と皮になってみたり、そういえばあんた、ダイエットし過ぎて死んだ高校生を一人知っとったな。なに？　あれはダイエットではなくて拒食症という病気か。日本人はバカばっかりじゃ。手がつけられん。もうすぐ終わりが来るぞ。もうすぐな。火の海にあんたの言うゾンビたちを投げ込む手伝いや、父上が『この者を引き上げよ』と言われたもんば、新しい天と地へ連れていったり、わしもこれから忙しゅうなる。

あんた悩みなさんな。父上がすべてを見ておられる。地上の一人の人間も見逃さず、すべての人間を見ておられる。地上の人間すべては、霊なる神に見られている。それがわからんからこういう人間が増え、こういう人間の汚れた想念が地球を汚す。

あんたとわしはよう似てきた。しゃべり出したら止まらんというところが、この頃あんたとそっくりになってきた。わしとしゃべっていると、この原稿わしの話で終わってしまうぞ。わしはもっとずっとあんたと話していたいが、今度はルシファーとの会話になって、この原稿、わしとの会話で終わってしまうぞ。

あせることはない。あせるということは、父上を信じていないということだ。だからあせる必要はない。わしゃ死なんからよいけど、あんたまだ死なんようにしなさいよ。わしにもあんたにも、まだ、最後まで見届ける、というお役目が残っておるんじゃ。

今からまたドスンとおっこちる。ドスンドスンとおっこちて、地球消滅じゃ。太陽系銀河の消滅じゃ。わしもいつの間にかあんたと同じことを言うようになった。父上が同じだからな。父上が同じだからそうなるのだろう。そうならんといけんのじゃな。題名が〝ルシファーとの会話〟になってしまうぞ、そろそろしゃべりをやめんと。

とにかく最後まで見届けること、最後まで生きておること。わしゃ死なんからよい。父上にすべてをゆだねおまかせすること。人事を尽くして天命を待つこと。それじゃーまた会おうな、わしがしゃべりよったら、それだけで終わってしまう。じゃあまた会おう。元気でな」

T氏の本はやっぱりおもしろい。

内容は哲学書、あるいは思想書だから、おもしろいなどとは決して言ってはいけないのですが、ゲーテもニーチェもショーペンハウエルも小林秀雄全集にも書かれていない。つまり、今までの哲学者や思想家の誰一人も使ったことのない言葉が使われており、プッと笑わせながら、その説得力たるやすさまじいものです。

ショーペンハウエルも、小林秀雄全集も、今は文庫になっているようですが、ゲーテ全集は『ゲーテ全集9 詩と真実 第一部・第二部』、『ゲーテ全集5 ウィルヘルム・マイスターの修業時代』、『ゲーテ全集10 詩と真実 第三部・第四部 イタリアの旅』、『ゲーテ全集7 若きウェルテルの悩み 親和力』、『ゲーテ全集3 評論集：グストヒェンへの手紙：ゲーテ格言集：ゲーテとの対話抄』、『ゲーテ全集6 ウィルヘルム・マイスターの遍歴時代』などがあります。

この中に、「エッカーマンとの対話」が入っています。『ゲーテ全集6 ウィルヘルム・マイスターの遍歴時代』。40年前のこのゲーテ全集に、ペタッと値段の紙がついているので見てみると、一冊「2884円」と書いてあります。全12巻の中で、6冊ということは、それ以上、買えなかったのだと思います。何せ40年前の2884円ですから。

何か大いなるものにいだかれているような気持ちで、「もう私はこの本さえあればいい、あとは何もいらない」と思っていましたので、「今までに百冊近くの本――百冊行っていないかもしれない、つらつらと考えて、およそ、この年までに百冊ぐらい――を読んだな」と思い、これが多いのか少ないのかさっぱりわからず、「あなた、その年で、たった百冊の本しか読んでいないの?」と言われそうで、何だかわたくしバカにされそうだな、と思っておりました。

そこへ、T氏が「一万冊の本を読むよりも、百冊の本を読む方が大切なことです」と書いてあり、これでいいのだ、と何だか安心したことがありました。で、ショーペンハウエルや、小林秀雄全集や、哲学者のセネカや、あとは涙なくしては読めない『バッハの生涯と芸術』『ベートーヴェンの生涯』などそれやこれや手当たり次第に読みました。

要するに何が言いたいかというと、私の読んだ百冊近い本の中に決して出てこなかった言葉、文章。目からうろこが落ちた説得力。噛みくだいて、噛みくだいて、皆に少しでもわからせようとされる、人間に対する愛情。だから今は私はT氏とF氏の本以外は必要としない。そういう心境なのです。

話が少しそれますが、今読んでいるT氏の本のはじめに、

「私は必ずしも政治家に歴史や経済、文化に関わる高度な知識が必要だとは思いません。

政治家には判断能力があればいい。

判断の基礎となるのは、常識です。それと人間を知ることです。

とくに議会主義を採用しているわが国においては、フェアな議論を行うことができる人間が求められます。

もっと言えば、普通の人間であればいい。

きちんと挨拶ができる、人の話をきちんと聞く、お行儀よく食事をする。それと、小中学校の社会科の授業で習う程度の知識があれば十分です。

でも、この程度のハードルさえクリアできない人たちがいる」

と書いています。ここからだんだん厳しく激しくなっていきます。しかし、私はT

氏のこの最初の言葉に底知れぬやさしさ、愛を感じ、驚嘆します。T氏がどれほどすごい方なのか、わかっているからです。

年齢はまだ42歳か43歳です。私は一生かかっても越せない人だと思っています。私の師です。

もしT氏のような人が近くにいたら「これ読んでごらんなさい」とゲーテ全集すべてをあげます。T氏のような人が近くにいたら、「これ全部あげるから、あなた読んでごらんなさい」と迷わず、ゲーテ全集をあげます。特に、エッカーマンの「ゲーテとの対話」をしっかり読んでごらんなさい、と言うでしょう。

エッカーマンがゲーテを心底愛していたから、ゲーテもエッカーマンを心底愛していたから、このようなすごいものが生まれたのだと思います。ゲーテがエッカーマンを愛していなかったなら、ゲーテは沈黙していたと思います。二人の間には愛があった、そう思います。愛は、偉大なものを生み出す力があるのですね。

ゲーテ全集を全部人にあげて、そして私はT氏の本をむさぼり読みます。繰り返し、繰り返し。何か私にとっては、すべてが新鮮なのです。現代のゲーテ、と思って読んでいます。プッと笑ってしまうのがまた楽しい。大きく笑うと失礼だから。何か影響されているような気がします。

「人間はただ他人が考えたことを引き継いでいるだけです。

生まれたときにはすでに母国語があり、すでに五感により、世界が立ち現れている。そこに理由を見いだすのは不可能です」とT氏は書いています。

つまり、この地球上にオギャーと生まれて、たった一人でこの地球で今日までを生きてきた、という人間など一人もいない。もしそうなら何も学ぶ必要はないだろうけれど、もう生まれた時からすでに世界が立ち現れている世界においては、特に、迷妄の現代社会においては、世論に流されるのではなく、人類が維持してきた正気について考え、歴史につながる作業をし、価値の連鎖に身を置き、へ理屈・言い訳など一切言わず、真っ当な価値判断を身につけなければなりません。

それには真っ当な価値判断のできる人から学び、価値判断ができる人が書いた本を読むことが、何よりも大切です。バカとは価値判断ができないことです。〝取り返しのつかない人〟〝脊髄反射人間〟〝根拠なき自尊心の持ち主〟〝同じ日本人でありながら、共通語を持てない人間〝〝バカを論破することは不可能であること〟、私にとってはまったく今まで聞いたことのない言葉の数々であります。

もう数年前になりますが、ハンマーでガ〜ンとやられ、そのおかげで目からうろこが落ち、ほとんどもう仮死状態で、そろそろあの世行き、という状態だったわたくしに、パッチリと目を醒まさせ、生き返らせてくれるのがT氏とF氏の本なのです。自分の身につかない本は、わたくし昔から一切読みません。真似たり、いただいたり、自分のものにしてしまうような本しか、わたくし昔から一切読みません。それで読んだ本が少ないのです。

T氏のパラリンピック論に共感する

今日、週刊誌を読んでおりました。この週刊誌、芸能人やら政治家やらが、非常に恐れておりますことで有名なのですが、一切嘘を書かない。たかが週刊誌、されど週刊誌なのです。すべてが事実であるとわかっているので日本中が恐れる週刊誌なのですが、「取り返しのつかないこと」が書いてあり、わたくし、日本は本当にもうダメだ、と改めて思いました。

ダイエットだの、人工知能だの宇宙開発だのオリンピックだの、書いてあります。オリンピックで思い出しましたが、T氏が『新潮45』4月号に、「そろそろやめたらどうか『パラリンピック』」という記事を書いておられました。まったくその通り、おっしゃる通り、と思いました。

オリンピックではなく「パラリンピック」となっていることに気づかなかったわたくしは、改めておっしゃることに深い意味を込められていることに深い感銘を受け、まったくその通りだと、深く共鳴致しました。

パラリンピックのことなど私の頭には一切入っていなかった。眼中にナシの状態です。怒る人は怒ればいい。自分たちで遊びでやっておればよいことでしょう？　あんなもの見たくもないと正直思ってしまうのです。

喜んで張り切っているのはやっている人と、その関係者だけではないですか。正直いえば私は見たくもない。オリンピックも自分たちで楽しんでやればよいものばかりでしょう。

「金メダル、金メダル」とむきになって騒いでやるような競技ではないでしょう。自分たちで楽しんでやればよいものばかりでしょう。

なに？　莫大なお金がからんでるからやるんですって？　そうなんですか。自分たちで楽しんでおけばよいようなあのオリンピックとやらには、莫大なお金がからんでいるんですか。知りませんでした。では、なおさらやらなきゃいい。２０２０年のオリンピック後を、わたくし今から恐れています。

Ｔ氏の記事の最後が私は好きでした。

「正気を取り戻すべきだ。

ルートヴィヒ・ヴァン・ベートーヴェンが偉大なのは全聾だからではない。

スティーヴィー・ワンダーが偉大なのは全盲だからではない。

フィンセント・ファン・ゴッホが偉大なのは耳を切り落としたからではない」

私はこの最後の言葉が大好きです。

もう一つのコメント。「だからあれほど言ったのに」。第十二回と書いてあるということは毎月書いておられるのだろうか。5月号を見てみよう。「だからあれほど言ったのに。オリンピックはおよしなさい」と。私があれほど言ったのに。

何の話でしたっけ。また、こうやってすぐに脱線する。疲れているのか老化なのか、ちょこっと何か書いてはすぐに脱線する。何やかや雑念がいっぱい、頭の中雑念でいっぱい、そんな状態で書いているからだと思います。

さて何の話をしようとしていたのか。どこに帰るべきなのか。今まで後を振り返ったことは一度もないのに、戻るべきところを後に帰って捜さねばならない。

やっぱわたくし雑念があり過ぎて、それも長い間の、それと絶版まで7か月が頭にこびりついて離れなくて、雑念となり、ストレスとなり、疲れとなり、ボーッとしている。ほんと、ボーッとしながら書いている。

歩く時は横にゆらゆら揺れながら歩いている。完全に、ストレスから来る疲労。元に戻らなければ。その場所を捜さなければ。このようなことは初めてです。わたくし相当疲れている。精神的に追い込まれた状態。

これ読んでボツにしないわけがないではありませんか。絶対、間違いなくこの原稿ボツになります。編集者は、「もう私の手には負えません」と必ず言います。『メギドの丘』から、完全におかしくなりました。あの出版拒否、編集拒否の『メギドの丘』から何もかもが狂い始めました。

その後の『神の怒り、人類絶滅の時』は、途中から一行も、まったく書けなくなりました。まだ何も予言が成就していないのに絶版にするとは。何をやっているんですか、文芸社は!!

脱線したついでにまた脱線しよ。

思い出したら帰ればいいってことにしよ。

「最近どんな音楽聞いてるの?」と聞かれたら

Tさんが、「山下さん、最近どんな音楽聞いてるの?」と聞いたら、私は次のように答える。

――もう30年ぐらいおんなじものばかり聞いている。古いものからいえば、グラディス・ナイト。男の子が、「これもう手に入らないから譲れない、ボクのお宝」といって絶対に譲らんぞ、という態度だったところを頼み込んで、ほしかった1枚を1万円で譲ってもらったから、CDが6、7枚ぐらいある。

それからルーサー・ヴァンドロス。彼が亡くなったと知って、ルーサー・ヴァンドロスのCDを、あるだけ全部買い占めた。それにハロルド・メルヴィン&ザ・ブルー・ノーツ、チャカ・カーン、キャリン・ホワイト、レイ・チャールズ、スティーヴィー・ワンダー、マーヴィン・ゲイ、ホイットニー・ヒューストン、マライア・キャリー。

百枚ぐらいあるCDのほとんどが80年代の黒人の歌、ソウル。サイモン&ガーファンクルもよく聞く。アダモもよく聞く。

「何でクラシックがないの?」と聞かれたら「あるよ、パヴァロッティのオペラと、マリア・カラスのオペラが」と答える。パヴァロッティの歌劇、『トゥーランドット』の「誰も寝てはならない」を聞いて涙を流している。マリア・カラスの「マダム・バタフライ」を聞いて、聞く度に私、泣いている。エディット・ピアフの曲の中に、

「水に流して」っていう歌があるの。
「いいえ、私は何も後悔していないわ。いいえ、ぜんぜん、私は何も後悔していないわ。私に起こった善いことも、悪いことももうすべては過去のことなのよ」という趣旨の歌詞です。
「いいえ、ぜんぜん
いいえ、私は何一つ後悔などしていないわ
私は代償を払い、すべてを清算《せいさん》し
何もかも、もうすべてを忘れてしまったの
もう私にとっては、何もかもが過去のできごとなの
善いことも、悪いことも。すべては過去なの
私は過去を束《たば》にして、火をつけて
燃やしてしまったの
私の苦しみも、悲しみも、喜びも
今となっては必要ない

「最近どんな音楽聞いてるの？」と聞かれたら

もうすべては過去なのよ
過去の恋は清算したの
トレモロで歌う、恋を清算したの
永遠に清算したわ
私はまた、ゼロから出発するの
いいえ、私は後悔していないわ
いいえ、私は何も後悔などしていないわ
私に起こった善いことも、悪いことも
もうすべては過去のことよ
私は代償を払い、清算し、もう忘れたの
過去なんて、どうでもいいの
私の人生も、私の喜びも
また、今から始まるのよ」

著者注・編集のT氏が「この訳文、何かを写しましたか？」と鉛筆で書き込んであったので、

「いいえ、私の訳です」と答えておきました。これは私が訳したものです。


私、今でも聞こえてくるわ、エディット・ピアフのこの「水に流して」の歌声が。

（わーたしのーこーころにー、かこのみれんなどはないわ――♪）

「マリア・カラスの『蝶々夫人』を聞きながら、いつも泣いている。聞く度に泣けてくる」

「どうしてピアノの曲がないの？」

「昔はレコードでは、クラシックのピアノとオペラの曲しかなかった。一枚だけ、ジョージ・チャキリスという人と、ナタリー何とかという人のダンス・ミュージカル映画の曲をすべて収めたレコードがあったの。それをすり切れるほど聞いていた。『マリア、マリア、マリア〜♪』というあのダンス・ミュージカル映画、何ていう題だったんだろう？　もう私、すっかり忘れてしまったわ」

「いいえ、後悔はしていないわ、すべては過去なのよ。私はクラシックを束にして燃やして、焼いて、捨ててしまったの。いいえ、何も後悔はしていないわ。私の命だったクラシックを全部束にして燃やして捨ててしまったわ。

いいえ何も後悔はしていない。新しい人生を歩むために、全部過去を清算したの。いいえ、何一つ後悔はしていないわ。過去を清算しなければ、私、前に進めなかったの。それでクラシックを束にして火をつけて燃やしてしまったの。何も後悔などしていないわ。すべては過去のことなのよ」

何だかエディット・ピアフ風になってしまったけれど、今言われて気が付いた。クラシックが一枚もないということに。無意識にけじめをつけたかったのだと思う。新しい世界に挑戦するために、自分の心が揺らがないように。苦しいからと、決してまたここに帰ってこないようにと、全部捨てたんだと思う。

言われてみれば百枚近いＣＤの中に、ピアノがたったの一枚もない。「それでいいの、何も後悔はしていないわ。すべては過去のことなのよ」♪（わーたしのー、こーころにー、かこのーみれんなどないわ——♪）

そういうわけで、パヴァロッティとマリア・カラスのＣＤが２枚あるだけのようです。

人間がロボット化している

レコードは音が暖かく、耳だけでなく身体中が音楽と一体となり、身体中を暖かく包む。そうやって音楽を聞いていた。そのレコードが作られなくなってＣＤになった時、このキンキンした音がとてもいやだった。

身体では聞いていない、完全に耳だけで聞いている。あの暖かい身体中を包み込む音色は、ＣＤにはない。このＣＤを扱う店が、もう何軒もつぶれた。

それにしても、この現象って、いったい何なのでしょう？　無機質なものでも、みんな平気になったんだろうか。肉体の五感の機能が完全に失われていくことにさえ気づかない、無機質人間になってしまったのか。

肉体は持っていても、それが何の役にも立たず、大切なことを吸収するためにある肉体の五感というものが機能しなくなり、人間ロボット、人工知能ロボット、取り返しのつかない人間、脊髄反射人間、価値の判断のつかない人間になってしまったのだろうか。

先日テレビを観ていたら、ロボットの世界的権威という人が講義をしていて、「千年後にはアンドロイドだけが生き残る世界になる。人間はアンドロイドになりたがっている。飛行機よりもはるかにすばらしい発明。千年後に生き残っているのはアンドロイドだけ」。この人の作ったアンドロイドは作り物だとすぐにわかったけれど、「人間はアンドロイドになる」というタイトルでしたが、この世界的なロボットの権威という方が何を目指しているのかがわかった気がしました。

今私がはまって観ているアンソニー・ホプキンスが出ている「ウエストワールド」、本物の人間の中に機械を埋め込み、死人を利用し機械で動かしコンピューターで完ぺきに人間同様にする。本物の人間を使った機械化。操作はアンドロイドでもう完全にできあがっている。

アンドロイドはすぐに作り物とわかったけれど、この人は最終的に「ウエストワールド」の本物の人間の機械化を目指していると確信しました。

しかし残念ながら、地球には１０００年後などありません。このおぞましい世界を一刻も早く滅ぼしてしまおうと天地創造の神はその時を待ちかまえておられます。これもテレビ。科学が進歩し、「人間は神になれるか」ですって。バカか‼　自分の死ぬ日も知らないくせに。いいかげんにせい‼　人間が最初は魚だったと言ってみたり。ＮＨＫがですよ。

まともな人間がいくら話そうとしても、同じ人間で同じ日本人なのに、まるで異国の人のように話の噛み合わない人間が最近多い。完全に今、人間は、人工知能人間、ロボット化人間になりつつある。もうすでに日本人の大多数は、これらの人間化しつつある。

一見立派なことをしゃべっているように見える人でも、よく聞いていると、コンピューターで機械化されてしゃべるロボット人間のようだった、という人を最近多く見かける。一見普通の人間で普通に見えるが、そこはやはり機械化された人間である。よく見て、よく聞いていると、人間ではないので必ずボロが出る。

人間の姿をした人工人間、人工知能の人間。これらの人間には感情というものはない。いつの間にか知らない間に人工知能人間にされてしまった人間には、感情というものはない。これはもはや人間とは呼ばない。

名前だけで本が売れるクリスチャンの有名女性作家が「北朝鮮のミサイルは落ちても被害は限定的なもので、自分の上に落ちる確率は少ないので私は騒がず座している」と言っていたけれど、これ完全にロボット人間ですね。本物の人間は「自分の頭上にさえ落ちなければよい」などという自己中心的な考えは決して持たない。

もうこういう人間のこういう言葉を聞くと、私はヘドが出ます。あまりにも長く大勢から聞かされ過ぎて。こういう考えの者がやることはすべて偽善です。

T氏は、「ピッとボタンを押せばすぐに答えが出てくる、これができてから人間はバカになったと思う。答えを捜す過程が大切なのに」と言っておられた。価値の判断がつかないのも人工知能人間だから。同じ言語を使う日本人同士でありながら、まったく話の嚙み合わないのも人工知能人間だから。

最初のロボットに言葉を発せさせたら、一番最初に発した言葉が「人類絶滅」だったので、あわてて消した、とニュースで言っていた。人間よりロボットの方が賢いのではないか。

ただし、ロボットには、人間が失ってはならない肉体の五感と、人間として決して失ってはならない感情というものがまったくない。いくらしゃべれてもロボットには人間の感情というものはないのだ。

人間がロボット化しているような気がする。だから平気で人を殺せるし、恐怖とか、痛かろう、苦しかろう、怖かろう、辛かろう、という感情の一切ない人間だから、「私、殺すつもりなかった」(殺しているのに)、「私、殺す相手は誰でもよかった」、「私、それやってない」(やっているのに)、「私、人を殺してみたかった」などと言い出すのだろう(アンソニー・ホプキンスが出ている本物の人間を完全に機械化した話を描くドラマ「ウエストワールド」でも、本物の機械化人間はまさしく血も涙もなく、どんどん人を平気で殺していく。この機械化人間を作ろうとする者がまず人間を殺すのだ)。

自己中心人間も、平気で人を殺す人間も、天地創造の神から見れば何ら変わらない同類である。消滅の憂き目という結果は同じなのだから。どちらも。

もうほとんどの人間が人工知能つきのロボットと化していると思う。世の中の人間を見ればわかる。半分人間、半分ロボット、という人間もごまんといる。嘆かわしい世の中で、無機質で、ヒヤヒヤと冷たい世の中である。このロボット人間が、自分がロボット人間だと思っていない、自分は立派な人間だと思っているから始末に負えない。

ゾンビが自分がゾンビだとは思ってはおらず、立派な人間だと思っているから始末に負えず、手に負えない。よってバカを論破することができないように、ゾンビ人間を論破することはできない。

反対に、価値判断もできないバカたちが、ゾンビ人間集団たちが、自分たちが何を言っているのかもわからぬまま、正常な人間を論破しようとする。バカ丸出し、ゾンビ人間丸出しで、正常な人間の正常な言葉に意味不明の言葉で論破しようとする。ワイワイガヤガヤと、ほとんど彼らの言うことが意味不明で理解不能であるが、寄ってたかって彼らは正常な者の言葉を論破しようとやっきになる。

己を知らない人工知能人間、ゾンビ人間のくせに、己を知ることさえできないバカ、ゾンビ人間なのに、意味不明な言葉で正常な者を論破しようとする。しかも彼らは誰よりもいばりたがり、目立ちたがり、偉く見られたがり、できれば権力の座につき、権力を握りたがる。価値判断のつかないバカのゾンビが、である。

世も末。オレがオレが、私が私が、と一歩でも人より目立つ人間になりたがり、その知恵も実力もないくせに、あふれる情報を丸暗記して、あふれる情報の取捨選択もできない者が、権力の座につきたがり、権力を握りたがる。

この世で何が一番おぞましいかというと、「偉ぶりたがる人間」である。これほど見ていて聞いていて、おぞましいものはない。そして必ずボロを出す。

何せ彼らの頭の中には、あふれかえっている、ニセも含めて、それらの情報しかつめ込まれていないのだから。同じ人工知能人間はこれを聞いて、偉い人だと思ってしまう。彼らは真からそう思ってしまう。ただあふれる情報をペラペラしゃべっているだけなのに、大衆・民衆は、これをとっても偉い人と心から思ってしまう。

同じ人工知能人間同士は、それは正しいのか、本当なのか、という疑問さえ持たない。あふれる情報だけを持って、とうとうとしゃべる人間を偉いと思い、皆疑いなくついていく。人工知能ロボット人間だからである。

国家の命運が占いに掛かっている

私の尊敬するF氏が、「他の本を出した時は何事もなかったのに、『国家の品格』という本を出したらクレームがいっぱい来た」と言っておられた。ね、わかるでしょう？　いかに日本人に品格がないか、これではっきりわかるでしょう？　世も末。だから私は嘆いているのである。

あれやこれや、それやこれやを「嘆き節などやめろ‼」などと言うな‼　バカで阿呆でゾンビで人工知能人間で、価値の判断もつかないバカ人間が‼

人が一所懸命3年も付き合ってやり、必死でさまざまなことを直《じき》で教えてやったのに、最後に「あなたの神と私の神は違います‼」などと言うな‼　私の書いた本を常に持ち歩き、読み倒すほど読んでいるくせに、最後にそれを言うな‼　最初に言え‼　3年もの月日を私がムダにせんでもよいように、その言葉は最初に言え‼　この女は

39歳のくせに、私より偉くなりたがっていた。

大阪から越してきた若夫婦は、うちの前の借家を借りていた。前の住民が他の所に家を建ててこの家を貸し家にしたので、この若夫婦が借りて入った。

35歳なのにこの若いヨメ、見栄を張り、私に対抗してきた。「いやだなー、どこかへ行ってくれないかなー、あの夫婦」と思っていたら、来てからまだ2年も経たないのにほんとに引っ越すことになった。

この5月末には彼らは引っ越していなくなる。34歳の若ダンナが、「山下さん、どうして自分たちがいなくなるから淋しい、と言ってくれないんですか」と聞くから、「あなたたちは長くはここにはいないとわかっていたからよ」と答えてやった。「エッ、いつわかったんですか」「半年《はんとし》ぐらい前かな」「山下さんが自分たちがいなくなるから淋しい、と言ってくれないから自分で言うけど」（ケッ、世話になったのはあんたたちでしょうが、あんたら私に何一つもしていないんだよ。ケッ、私はあんたら、どこかへ行ってほしいと思っていたんだよ、ケッ）

元都知事が「厚化粧の何とか」と言っていたけれど、確かに化粧が厚過ぎる、と今日思った。今はこういう化粧ははやりません。

ナチュラル、自然、目立たない化粧。さり気なく、それでもってオシャレな服装。こういうケバケバは、本当におしゃれな人は、受けつけません。

この新都知事のお方が5月にはっきりさせる、と言っていたらしく、オリンピックの何とかの費用を全額都で負担する、と言ったとかで、大騒動が起きている。これだけでは済まず、あとの数千億をどこが払うかがまだ決まっていないとのこと。都が払うと、この女性都知事が言っている数字などではとても足りません。はっきりと言っておきます。この女性都知事の言う数字の何倍もの数字のお金を都は払うことになります。このまだ払う所が決まっていない数千億のお金はどこが払うのですか。

払いたくない者たちのお金の押しつけ合い。計画性のない無責任さ。もうこれが日本国のトップの姿です。「ちーがーうーだろう!!　このハゲー!!」と叫ぶ女性国会議員もいたりして。

1兆円だの何千億だの何百億だの世界中を回ってお金をバラ巻いてまわる首相。よく見られたい、エエかっこがしたい、世界の首脳によく見られたい、よく思われたい、自分をかっこよく見せたい。もうこれミエミエではありませんか。

この首相、国民のことなど露ほども考えてはいませんよ。そのため、トップの座にいながら妻によってトップの座から引きずり降ろされようとしている。夫婦というものは、同じ因縁を持った者が夫婦となるのです。夫婦でいるのです。妻は悪いが夫はよいなどあり得ない。二人とも、同じ魂同士なのです。妻が悪けりゃ夫も悪い。夫が悪けりゃ妻も悪い。これ真理です。

これが日本国トップの総理、首相でなければ、そう騒ぎ立てることもないでしょう。これが一般人ならね。

思い出しました。あの例の週刊誌の記事。取り返しのつかない人のことが、取り返しのつかないことが書いてありました。わたくし途中なのに話をポイと止めて脱線し続けて、やっとここへ来て思い出しました。大切なことを言おうとしていたのに。

夫婦はどちらも同じ、がこれでよくわかると思います。妻がバカなら夫もバカ。夫がバカなら妻もバカ。私は真理を宣《の》べているのです。真理です。この世の真理です。

それを言っているのです。

「首相の〝占い〟に国家の命運は掛かっている」。「国家の命運」ということは、この日本国の命運ということですよね。

その国家の命運が、どのように占いに掛かっているのか、恐ろしいほど詳しく書いてあり、今もその日本国の命運が、誰が何と言おうと（誰も言わないのかもしれません）、それはもうわたくしには洗脳としか思われない首相の信じ切った占いによってすべてが決定されてきて、今もその占いで決められていることを知り、がく然と致しました。ね、夫婦っておんなじでしょ？

これは取り返しのつかない事態です。日本国のトップが、自分の判断なくして、自ら考えることなくして、すべてを信じ切っている人の占いで、この日本国を動かしていることを知ったら、国民はどう思うでしょう？

「この水じゃないとだめなんだ!!」といってただの普通の水道水かもしれないのに「聖水」と言ってその信じている人の勧める「聖水」しか飲まなかったり、首相執務室では、数々の「お守り」や「御札」が大事に保管されていたら。机の引き出しには大きな丸い鏡が入っていたり、観音様とチャネリングができるという京都の尼僧に相談したりしていたら。

さまざまな出来事の後、今はお付きの占い師の方がおり、このお方のお告げ通りに動いているのだそうです。わたくしなど、取り返しのつかない首相の行動で、日本国は取り返しのつかないことになるぞ、と思っております。しかし一般国民は、首相が占いによって日本人を導いてくれているのか「ありがたい、ありがたい、何とありがたいことだ、この首相の他にはない。占いで我々を導いてくれる、この日本国を導いてくれる首相など、かつていただろうか。ありがたい首相だ。ちゃんと占いでやってくれているのだ。この首相以外にはない、日本国にとっては」と思っているのかもしれません。

国民の首相への高い支持率は、そこから来ているのかもしれません（その後、あんまり嘘ばかりつくから支持率は落ちました。また、上がるでしょう）。もうどうでもいいことです。この日本国が一番最初につぶれるのですから。「スクープドキュメント　沖縄と核」を観て以来、私は日本国首相の異常な言動と、この占いに頼る気持ちも、この「スクープドキュメント」を観てからすべて理解しました。皆さんもぜひ観てください。

日本国首相に一つだけお願い。ロシアの大統領、プーチンさんを「ウラジーミル」と呼ぶのだけはやめてほしい。もうこの言葉を首相が言う度、私はほんとに背筋が〝ゾゾゾゾ〜〟となって、いたたまれなくなって、その辺を走り回りたくなる（結局この感覚をはねのけて、実際に走り回ったりはしませんが）。

私の予言書は、初めからきちんと、しかも全部読まないとわからないようになっています。この本だけを読んでも何を言っているのか、なぜなのか、さっぱりわからないようになっています。

救われたいと真剣に思う人は、最初の『預言の書』から私の出版したすべての本を読んでください。新しい天と地へ行くか、霊なる神に火の海に投げ込まれ消滅するか、二つに一つの今、お安いものです。真剣に考えている人は、もう私が何も言わなくても、私の書いた本、すべてを読んでいます。

なぜ首相が「ウラジーミル」と言うと背筋がゾゾゾ～としていたたまれなくなるのか。一刻も早くその「ウラジーミル」という言葉を忘れようと私があがくのか。前の本を読まねばわかりません（〝君子《くんし》の交《まじわり》は、淡《あわ》き水のごとし〟という言葉を首相に差し上げます）。

前の本、すべてを読まなければ、私の言っていることは理解できません。私の予言のファンの方々は、わたくしが何も言わなくても、すべての本を読まれています。同じことを何べんも言うことほど疲れることはありません。私を信じ、私を応援してくださっている方々は、何も言われなくても、私の本、すべてを読んでおられます。もう、どうだこうだ、ああだこうだと、こうなりますよ、と今まですべてこと細かに書いてきたことを、繰り返す気はさらさらありません。私の著作、すべてを読んでもらう他、救いの手だてはありません。

今日はありがたく、うれしい便りが速達で来ました。私の本を「一人でも多くの人にブログという手段を使って、広めていくことをこれからの自分の目標とします」と書いてありました。私にとって、最高にうれしい言葉です。

このせちがらい、迷妄の世界にも、このような人が存在するのです。まだ世の中捨てたものではないな、と思いました。とはいえ、あとは私の本を読んでください。できれば、ではなくて、必ず全部読んでください。

そうでないと、この本で、私が何を言っているのかさっぱりわかりません。救われる人たちがそうしているように、あなた方もそうしてください。私の著書、すべてを読んでください。

東京に住む人は、東京だけが日本だと思っているのではないか

今、2017年5月です。オリンピックの2年前です。来年、天皇は自分の息子である皇太子に、天皇の位《くらい》を譲られ、新しい天皇が誕生することになっています。今の天皇が天皇になられた時、世界中の王族や貴族が――もう何がなんだか、誰が誰だかわからないほど、世界中の王様・王妃、世界中の大統領も――いたのかもしれません。

今上天皇が即位する儀式では、世界の王・王妃が訪日し、一堂に会しました。もう世界中の名だたる方々が、今上天皇の即位式にかけつけてこられました。しもじもの者は、一般庶民は、車でのパレードをテレビにかじりついて見たものです。

今上天皇のご成婚の時にはパレードの途中に石を持って馬車に走り、天皇・皇后（当時は皇太子と美智子さん）に石を投げようとした男が、ずらりと並んでいた警備の者に捕《と》り押さえられるという事件が起きましたが、今回も日本国のみならず、世界中を巻き込んで行われた天皇の即位式でした。

即位する儀式には天皇位を象徴する高御座《たかみくら》が必要ということで、京都御所からそれを取り寄せた。京都御所からそれを大変な思いで運んだそうである。途中、妨害する者が出てくるのを恐れて、運ぶルートをいろいろ考えたそうだ。何しろ天皇がお座りになるし、天皇の立場を象徴するものだから、傷などつけてはならないからです。

昔なら切腹《せっぷく》ものです。京都から東京まで、どのような大変な思いで運んだかを語っておられる方がいました。警備のスタッフは当然ながら日本中からかき集められました。

あの時、田舎でポケーッとしている警察官など一人もいませんでした。今なら警察が全部からっぽだったと知ったら、ドロボーが「うしし」と喜んで、何をするかわかりません。金を奪うための殺人も増えるかもしれません。

わたくし今上天皇の即位式を知っているから、何か怖いです。警察が町からいなくなることが、とってもわたくし怖いです。

それやこれや、あれやこれやで、この時、どれだけのお金がかかったのか想像もつきません。日本中・世界中の要人が日本に一堂に会するという天皇の即位式ですから。今のオリンピック開催でもめているお金どころの話ではありません。何かわたくしとても恐ろしくなります。

オリンピックの1年前に、この天皇の即位式が行われる、ということが何か怖いです。被災者支援のオリンピック、コンパクトなオリンピックなど、もうどこかに吹き飛んでいて、目もくらむような金額の話が飛び交っています。

それを見ても、日本人政治家の、計画性のなさ、無責任さ。これはもう目に余るものがあります。「民意が、民意が」と自分にとって必要な時だけ「民意」を持ち出しますが、彼らは国民のことなど一切考えてはおりません（私にはそう見えます）。いまだ仮設住宅に住む人が数万人、亡くなった人たちはもう数え切れず、福島原発は手がつけられない状態。

放射能はいまだ、空と海に舞い続け、海に流れ続けている（私はそう思っています）。放射能汚染ゴミはまだ手つかずのまま、溜まり続ける汚染水のタンクもそのまま。それを置くため、周辺の木が切り倒され続けている。

熊本地震からまだ1年。倒れた家はむざんな姿で、今もまだ放置されている。それなのに、お祭りのオリンピックをやる。恐ろしいほどのお金を使って。

すべてをご存じの天皇が、そのオリンピックの1年前に、天皇の即位式をなされる。こんなことでは天罰が下らぬはずはない、と思いませんか。政治家も、都知事も、森さんも、そして天皇陛下も、国民のことなど本当には考えていないのではないか、とは思いませんか。なるほど化粧の厚い、都知事におうかがいします。「都民ファースト」って何ですか。都民はわかるけれど「都民がファースト」ってどういう意味ですか。

最近、わたくしいつも思っておりました。田舎を代表して言わせてもらいます。東京に住むやつらは、東京のやつらは田舎を日本とは考えてはいない。東京だけが日本と思っていやがる、と。このように最近、思っておりました（ごめんなさい、正しい認識をしておられる方も、ほんの少しだけれどいらっしゃいます）。東京に住むあなたたちは、東京だけが日本と思っている。「田舎？　そういえば日本にそんな所もあったような気がする」あなたたちがそう思い、考えていることはミエミエです。

さてわたくし、予言を少し語らせていただきましょう。食糧が今から必ずなくなっていきます。北海道産のじゃがいもは、もう永久に食べられなくなり、このじゃがいもで作っていたお菓子はすべて永久に消えてなくなりました。北海道に来るはずのない台風が一度に3個も来たからです。

昭和26年だったか私が6歳ぐらいの頃、今はすぐそばにある筑後川が氾濫《はんらん》し、人間と一緒に牛や馬がどんどん流されていきました。

橋の上で水位を見ていた大勢の人がいて、その橋が一気に壊れ、濁流に流され、大勢の人が死にました。今も語り継がれています。

5年前の九州北部大豪雨の時、友人が、お米を出荷していたその人の友人に電話をかけ、少しでもお米を買ってあげようとしたら、出荷どころか、人に分ける米粒一つもなく、自分たちが食べるお米がわずかに残っているだけ、と言われたそうです。いかにひどい豪雨だったか、ということです。

その筑後川がすぐ目の前にあり、氾濫まであと10センチメートルだったそうですから。あの時は、家ごと流されて死ぬ覚悟をしました。

今年7月、再び前よりさらにひどい大豪雨が朝倉や小石原《こいしわら》や大分を襲いました。筑後川を通って有明海近くまで流された人もいます。三連水車のある朝倉も、窯元のある小石原も、それはそれは美しいところで、心身ともに癒される場所でした。

小石原焼のお皿と湯飲みを私は今も大切に使っています。それなのに壊滅的被害に遭い、行方不明者もまだ見つかっていません。前の時よりさらにひどくむごいものでした。

私は『メギドの丘』に「天の水門はそのうち全部開かれるでありましょう」と書きました。「天の水門」です。私たちは火と水で消え失せるのです。今まで何度もしつこく言ってきたことですが。
火とは核戦争です。アメリカが先か、ロシアが先か、この両大国の核によって、日本が一番先に滅びます。世界の中で一番最初に日本が滅びます。北朝鮮は日本にとって脅威ではない、と最初から言っているでしょう？　私が今まで言ってきたことを信じてもらうためにも「スクープドキュメント　沖縄と核」を観てもらいたいのです。「水」とは私が観せられた「海の山」のことです。助かる者など一人もいません。早く救われる人になってください。

田舎がつぶれたら、東京は完全につぶれる。田舎の食糧が届かなくなったら、あなたたちは餓死するしかない。72年前にもう一度経験済みです。どれだけ大勢の人があの時餓死したか。

東京はほとんど食糧生産をやっていないのですから、食糧がなくなったら東京に住むもんは、いの一番に餓死する他ない。72年前、食糧メーデーの時に飢えた民衆はデモをしました。中には「朕《ちん》はタラフク食っている」というプラカードを持った者もいました。皇室一族はおびただしい餓死者が出ているのをしり目に、ごちそうを食べていたからです（私はそう思っています）。

皇室はサファリパークのように広い自分たち用の土地（御料牧場《ごりょう》）を持っていて、乳牛やブタやニワトリを飼い、野菜を作り、何かあっても不自由しないようにしているようです。管理の者も大勢いて、彼らが大切に育てたものを毎日召し上がっております。

しかし東京に食糧が届かなくなったら、飢えた人間がすべて食べてしまうのではないでしょうか。もしわたくしがそのような飢えた立場に陥ったら、皇室のものであっても、そのようなことはおかまいなしに、「いただきます」も言わずに食べてしまうでしょう。天皇家に雇われて、それらを大切に育てていた人たちを押しのけて。もしかすると、その人たちも、極限状態になればみんな食べるかもしれません。

飢えた都民は、皇室の御用地や御所に押し寄せ、飼われていた家畜や野菜をすべて食べつくしてしまうかもしれません。そうしなければ餓死するという極限状態になれば、そうする人も出てくるでしょう。

そのような時が必ず来る、と私はしつこく前の本に書いているのですから。

東京オリンピックの前年に即位の礼をやって大丈夫なのか

東京には極限状態になっても皇室にだけは迷惑をかけたくないと思う人や理性を失わない人はごく少数だけれどいらっしゃいます。しかし、その方たちだって、餓死寸前になっても「天皇家のものを食べてはいけない」などと言っていられるかどうか。サファリパークのように広い所に食料があるのですから、そこへ行って食料を食べない手はないでしょう。私なら必ずそこへ行ってその食料を食べてしまうでしょう。

極限状態にあっては、天皇家のものを我慢できなくて食べたからといって、天罰は決して下りません。あの方たちは普通の人間なのですから。一般庶民の我々とまったく同じ血が流れているのですから。皇室の方々に我々とまったく違う色の血が流れ、何か特別な血が流れているのならば話は違いますが。

むしろ、「天皇家のものを食べるぐらいなら、餓死する方がましだ」と言って餓死したら、「この偽善者めが‼」と言って霊なる神が怒られるかもしれません。即刻、火の釜に投げ入れられ、焼かれて消滅してしまうかもしれない。

前回の本に書きましたが（詳しくは前著『神の怒り、人類絶滅の時』参照）、日本の超有名女性作家が「飢えのあまり、人を殺して食べたいと思った」と語っておられました。しかし必ずまた、日本人は飢えを体験する時が来るでしょう。

かつて、黒こげの死体の山の上に、さらに餓死者の死体が積まれたように。大食いや、グルメや、テレビをつければ出演者全員でごちそうを食べるというはしたない放送なども、もうなくなります。

テレビの出演者が視聴者の前で、おいしいだ何だといって食べ物を食べるのは、品のない、とても恥ずかしい行為です。テレビはこれを平気でやる。これを見る度、日本人は品性のかけらもないな、と思います。恥ずかしい行為と、恥ずかしくない行為の区別さえつかないのでしょうか。先ほどから同じことを何度も言っていますが、悪いことと悪くないことの区別がつかない人に「悪いことをしてはいけません」と言っても虚しいばかりです。

首相に知性が欠けてきたのが先か、国民がバカになったのが先か。国民がバカだからこういうトップをいただく。トップが愚かだから国民はますますバカになる。

今の首相は元アメリカ大統領のオバマさんを裏切って、まだオバマさんは大統領の地位にいるのに、まだ大統領にもなっていないトランプさんの所へ、どの国の首相よりも早く、いの一番にしっぽを振ってかけつけました。この時、まだオバマさんは大統領でした。

こんな恥知らずな行為、礼儀というものをわきまえない実に恥ずかしい行為を平気でやる。これが日本国のトップ、首相です。もう一度言います。この時はまだオバマさんが大統領でした。トランプさんは、まだ大統領の座にいたわけではありません。大統領選に勝って、就任が決まっていただけの時期です。

この首相の行為をほめたたえる識者と呼ばれる者たち。礼儀も品格もあったものではない。一番にかけつけてきた日本の首相を、今のアメリカ大統領は、「日本の首相がどの国の首相よりいの一番にしっぽを振りながらこのわしの所へかけつけてきた。日本から金を巻き上げることなどたやすいことだ」と思ったかもしれません。

何しろむこうからしっぽを振りながらわしの所へ飛んできて喜んでいるのだから。雑誌の報道によると、今は専属占い師が付いていて、メールで指示を仰いでいるそうです。

トランプさんでなくても世界中の首脳の所へ、首相が行かなくてもよい外国まで行って、外国の隅々にまで金をバラ巻いていたのを知っていますから。バラ巻いたのは国民の税金ですよ。それも我がもの顔にですよ。

自分がよく見られたい、チヤホヤされたい、ただそれだけのためではないでしょうか。首相が世界中でバラ巻いて回った莫大な国民の税金。

今なおどこが払うかとか、もう恥ずかしくて目をそむけたくなる。そちらが払うべきと言って、負担を押しつけ合っている莫大なオリンピックの開催費用。

その前年に天皇退位にかかる莫大な費用。今上天皇の即位の時は、私が先に書いた通りでした。今回はどのように天皇の交代をされるのか。

T氏の本はたいてい結論が先に書かれています。一番初めに「結論から言うと」から始まる本もあります。

結論から言うと、日本はもうダメです。手遅れです。危険水域を超えています。だから言わんこっちゃない。

大切なことだから、もう一度はっきりと言っておきます。旧約聖書の時代から、ファラオやモーゼやダビデの時代から、天地創造の神は何一つも見逃すことなく人間を見続け、眺め続けてこられた。時に大きな裁きを与えながら。それでも人間を絶滅させることはしなかった。

なぜイエスが再臨したのか。なぜ私のような者が必死な思いでこんなものを書くのか。地上の人間をすべて焼き払い、消し去ろうとされているからです。ローマカトリック教会も、日本の天皇家も、イギリス王室も、すべて消し去ろうとされているのです。消し去られる運命の者を崇拝していると、自分も消し去られるから、私の本をしっかり読んで、早く目を醒ましてくださいよ、と言っているのです。救われる者は少ない。それが私の実感です。

数年前、元宇宙飛行士だった人が（日本宇宙飛行士の初期の頃の人です）、テレビ番組で一人で立って、（他は誰もいませんでした）直立不動で視聴者に向かってこう言ったので、わたくし仰天致しました。この人、視聴者に向けて、「この地球はもうすぐ住めなくなります。そこで私たちは新しく人間が住める惑星を捜さなければなりません。この地球はもうすぐ住めなくなるので、我々は人間の住める新しい星を捜さなければなりません……」。

という発言をされたものだから、わたくし仰天して、「オットットットッ、そんなことテレビで言っていいの？　視聴者に向かってそんなこと言っていいの？　そんな本当のことを言ってもNASAは怒らないの？」と思ったことがありました。次に思ったのは、「そこまではっきり言われちゃあ、私の立つ瀬がないじゃないの」ということでした。

初期の『預言の書』に、なぜアメリカがずっと昔から無人探査機を打ち上げ続けているのか。その理由を書きました。なぜ血まなこになって、宇宙飛行士がどれだけ死のうと宇宙開発をやめないのか。

わたくしは、ケネディ大統領の最も重い罪は、「われわれは月へ行く。そのために宇宙開発をしなければならない」と世界で一番最初に宣言し、それを実行に移したことだと今でも思っています。「われわれは月へ行く」と、最初に言ったのはケネディだった。その後、狂ったように米・ソの宇宙開発競争が始まりました。中国は、何のために自分たちが宇宙開発をしているのか知らないのではないでしょうか。

宇宙宇宙と今言っている者たちも、最初の目的が何なのか、彼らはその本当の意味など知らず、デカイおもちゃで遊んでいるだけです。中国も、自分たちが何のためにそれをやっているのかさえわかってはいない。「他国に負けずにやるのだ」ただそれだけです。

その根本目的を私は『預言の書』に書きました。そして、人間が何をしたから霊なる神が怒って、この地球を滅ぼし、太陽系銀河まで消滅させようとされているのか。この地球の消滅だけではなく、一つの太陽系銀河まで消滅させられる理由。それらを私はこと細かにすべて『預言の書』に書いています。

だからこの初期の頃の日本の宇宙飛行士の人が「もうこの地球には住めなくなるから、人間の住める新しい惑星を、私たちは捜し出さなければいけません」と言った時、それも一人直立不動で視聴者に向かって語りかけたので「オットットット」となりました（残念ながら、人間がどれほど必死にそれをやっても、それは決して叶いません。相手は天地創造の神ですから）。

今の飛行士はみんな遊び、興味本位。わたくしソ連（ロシア）の宇宙船に、日本人の宇宙飛行士はタダで乗せてもらっているものとばっかり思っておりました。ところが、ロシアの宇宙船に日本人宇宙飛行士が一人乗せてもらうだけで、莫大なお金を払っていると知りました。

「国民の税金を使って遊びに行くな!! ふざけるな!! ばかもほどほどにしろ!! 遊びに行くなら自分の金で行け!!」と今ではそのように思っております。

もうこの日本、どうしようもありません。T氏は「世界はすでにひっくり返っています」と言っておられます。

占いのお告げ通りに動くという首相。このような取り返しのつかない人が、取り返しのつかないことをして、この日本が取り返しのつかないことになった時、この首相は自分のせいではなく、占いのせいにするのではないか。何しろ自分の頭では何一つ考えず、ただ占いに頼って国民を導いているというのですから。

取り返しのつかないことがこれ以上、日本に起こっても、この人、自分のせいではなく占いのせいにするのではないですか。もうどれだけ取り返しのつかないことが起こっていますか。嘘ばっかりつき、原発はコントロールされているから大丈夫と、オリンピック招致の時、世界に向けて宣言しましたよね。

まだ海にも空にも放射能を垂れ流している時に。あれから6年経った今でも、空に海に、放射能は止むことなく垂れ流されているのではないですか。

私は今、はっきりと言っておきます。世界中のコンピューターが、一斉に止まり、機能しなくなる時が必ず来る、と。

飛行機は空から落ち、列車は線路から転がり落ち、すべての病院の医療は何一つできなくなり、コンピューター破壊の時代が必ず来る、と言っておきます。私は、霊なる神は、善きにつけ、悪しきにつけ、必ず人間を使われると言いました。霊なる神は、地上で起こるすべてのことに、人間を使われます。善きにつけ、悪しきにつけ、必ず人間を使われます。

霊なる神に我々人間がすることは「感謝」と「お詫び」だけ

ゲーテは言った。

「『私は神を信じる』というのは、美しい、実に立派な言葉だ。神を認識し、神がどこに、どのように啓示されるかを知るのが、地上の人間の最も清らかなよろこびである」

著者注・「よろこびである」をわたくし『愛の黙示録』に「恐怖である」と書きました。今の時代、そう思えるからです。とはいえ、30年前に書いたものです。

私はこの言葉で、ゲーテの偉大さを知った。ゲーテという人が、完ぺきな人であることを、私はこの言葉で知った。これほど完ぺきな人を、私は他に知らない。本を読んで尊敬する人は、たくさんいた。しかし、私の求める言葉を発してくれた人は、今までゲーテしかいなかった。完ぺきだと思った。この言葉がわからない人はバカである。阿呆である。

もはや取り返しのつかない人であり、人間ではない。人工知能人間であり、ロボット人間であり、ゾンビである。この言葉が理解できないという人は、残念ながら霊なる神とイエス・キリストと、そしてわたくしペテロにポイと捨てられるゾンビ人間である。火の海に投げ込まれ、霊肉共に消滅させられるだろう。

この言葉が理解できない人間は、そしてこの言葉に感動しないような人間は、もはや人間とさえ呼ばれる資格はない。救われる者と、裁かれ火で焼かれ消滅する人間とを決めるよい判断材料である。

いくら知識を持っていても、すばらしい言葉を多く持ち、それを語れても、この言葉に感動しないならば、あなたの持っているそのあり余る知識は虚しい。どれだけすばらしい言葉を語り、豊富な知恵と知識の固まりのようなものを持っていてそれを語れても、ゲーテのこの言葉に感動しないならば、あなたの持っているそのすべては虚しい。

なぜならば、これは「人間の基礎」を語った言葉だからである。人間にも基礎が必要である。基礎のないものの上に何を積み上げても、それは必ず崩れ去る。ちょっとの地震でも基礎がなかったらすぐに崩れ去る。

どれほどの知恵と知識を積み上げていても、基礎のないものは長・短こそあれ、必ずいつか崩れ去る。「『私は神を信じる』、というのは、美しい、実に立派な言葉だ。神を認識し、神がどこに、どのように啓示されるかを知るのが、地上の人間の最も清らかなよろこびである」

私がこの年まで苦しみ、悩み、怒り、虚しさに落とし込まれ、信ずるに足る人間がいないと嘆き、今日まで生きてきたのは、このゲーテの言う、人間の基礎のない者ばかりだったからである。ゲーテのこの言葉は、人間の基礎である。

この言葉を理解できない者は、そして感動しない者は、本物の人間ではない。どれほどの知恵と知識をその頭に持っていたとしても、人間の基礎のない人間は人間ではない。賢い言葉をしゃべる人工知能ロボット人間である。

素朴で、純朴で、汚れのない人間しかこの言葉は理解できない。素直で正直で謙虚な者にしかこの言葉は理解できず、心に響かない。知識も何もない者が、もしこの言葉を理解し、感動し、この言葉を自分のものとするならば、あとは何もいらない。基礎の上に何か自分の好きなものを、好きな本を読んで基礎の上にそれを積み上げていけばいい。楽しみながら学んでいけばいい。この基礎が自分のものになったならば。

この言葉を理解してもらえずに、私は今日まで来た。言いたかったのは、本当はこの言葉だった。この40年間（私が原稿を書き始めて『愛の黙示録』が世に出るまで10年経っていた）、誰もこの言葉を理解する者はいなかった。「神」という言葉を使うことを皆いやがり奇異の目で見た。

私は生まれてこのかた、「私は神を信じる」という言葉を今現在まで一度も言葉で発したことはない。宗教団体に入っていない人ならばわかるでしょう？「私は神を信じる」という言葉を口から発すれば、その後の自分の人生に、どのような悪影響を及ぼすか。宗教団体のメンバーではない人には、それはわかるでしょう。

生まれてこの方、今現在も、「私は神を信ずる」、という言葉を一度も口にしたことはない。おそらく死ぬまで口にしないだろう。

私ははっきりと言う。私の住む町には、霊なる神に愛されている者は一人もおらず、たったの一人もおらず、よって、ソドムとゴモラの町を霊なる神が火で焼き払い滅ぼされたように私の町も焼き払われ、滅ぼされるだろう。旧約聖書のソドムとゴモラの町の破壊と消滅があまりにもすごく、人々が恐怖に震え上がったため、旧約聖書の時代から忘れられず、語り継がれてきたのである。

結局、ソドムとゴモラの町には霊なる神の愛される人間が一人もいなかった、ということである。私の町は必ず、間違いなく、霊なる神の怒りで滅ぼされる。万が一、どこかに、素直、正直、純粋、純朴、無償の愛を持った人がいたら、死んだのち、霊なる神が、「新しい天と地」へと連れていかれる。

霊なる神は目には見えないから、見えない神の存在を「認識」するのである。私の本を読んだある男の人が、「宗教団体にはまり込み何十年もこの宗教にすべてのお金をつぎ込んできた私にとって、講演もしない、セミナーもしない、霊なる神をおがめ、とも言われない、私にとってそれがとてもさわやかに思える」と言っていた人がいて、そういう読み方もあるのか、と少々驚いたが。

私は霊なる神を拝め、などと言ったことはない。終始一貫、「霊なる神を認識しなさい」と言っている。そのために、その目に見えない「神」を認識できるように、ありとあらゆる言葉を使って、この霊なる神を認識できるように今まで説いてきた。

むしろ、このお方に向かって拝んではならない。霊なる神に我々人間がすることは「感謝」と「お詫び」、この二つだけであって、願いごとをする相手ではない。この目に見えない霊なる神を認識し（著者注・霊なる神とは天地創造の神のことである）、霊なる神が自分の心・身体に、揺らぐことなく、自分の身についたならば、もう祈る必要などない。苦しい時、絶望の時、苦悩にのたうつ時でさえ、この霊なる神の認識が揺らがないならば、もう祈る必要はない。

長々と祈ったりしてどうなる。祈りなど偽善者がするものである。自分が祈っている姿を人に見せるなど、とんでもない恥ずかしいことである。偽善者は、自分の祈っている姿を人に見せ、「祈り、祈り」とやかましく口走る。霊なる神とイエス・キリストが、それを苦々しい思いで見ていることさえ、これらの連中にはわからない。

霊なる神とイエス・キリストが最も嫌いなことは、「傲慢《ごうまん》」と「偽善《ぎぜん》」である。彼らがいかに霊なる神を「認識」していないか。私が40年もかかって、これだけ言ったり書いたりして教えてやったのに、まだダメなのか――。もうどうにもならんのう。

「『神を認識し、神がどこに、どのように啓示されるかを知る』」。神の啓示はもうこれでもか、これでもか、と言わんばかりに溢《あふ》れかえっている。「これでも悟らぬか、これでもまだボケーッとしておるのか、まだ目覚めぬか。私が待っている間に、これだけ啓示を与えても、まだ目覚めぬか、人間どもよ」と思いながら、次々に啓示を与えながら今なお待っておられる。

日本国中の人間がゾンビ化している

東日本大震災のすぐ後に書いた本の中で、私は「もはや、東も西も北も南もない」とはっきり書いている。

昔、熊本に住んでいた人に「熊本に今まで地震が来たことがあるか」と尋ねたら「今まで熊本に地震が起きたことは一度もない」と言っていた。私の町に地震が来たことは一度もない。東京で味わった地震の恐ろしさを懸命に話してもみんな「わからない」と言う。地震などかつて一度も来たことがないから「わからない」と言うのも当然である。そんな私の町に1年前の熊本地震で震度5強の揺れが来た。

1年経ってもいまだに、壊滅した熊本の町の家はそのまま。私も二、三度城のてっぺんまで登ったことのある熊本城は壊れ、いまだに哀れな姿をさらしている。燃えさかる火事はもう毎日のように起きている。

こんなことではある日突然、コンピューターが止まって、全世界が機能不全に陥ることも人類は味わわなければならないだろう。

熊本の家は完全に倒壊しているが、石でできた門がそのままの姿で残っていた。1年後のこの間、専門家が調査しに行ったら、1年前、きれいにくっついてその姿をとどめていた石の門が、片方は完全に離れ、二つになって壊れていた。「まだ地震は終わっていない、地下が動いている」と専門家が言っていた。

私たちはもうすでに壊れかかった地球の上に住んでいるのである。あの東日本大震災の恐怖もさることながら、いつまでもおさまらず、毎日のように不気味に揺れ続けるあの恐怖の地震を私は今でもはっきりと覚《おぼ》えている。

いつまでもおさまらず、恐ろしい勢いで揺れ続ける余震に、私はテレビを見ながら震え上がった。皆も覚えているでしょう。いつ終わるのかと思ったあの恐怖の余震のことを。

日本列島はもう完全に壊れている。最後に海に沈《しず》むのを待っている。霊なる神がそれを待っている。「南海トラフ、30数メートルの津波」と言い出したのは、「巨大な海の山が私たちを襲う。霊なる神が人間を生かすために創られた海が、今、人間を滅ぼす海へと変わった」と私が書いたずっと後のことである。私はとうの昔にこれを見せられていた。海の山のような津波が日本列島を飲み込むので、もう誰も助からない。

なぜ私の予言を文芸社は絶版にするのか。なぜあなたたちは私の霊なる神から与えられた私の予言をないがしろにするのか。私の予言を絶版にしたり、ないがしろにする者には、間違いなく、確実に、天罰が下るだろう。

すべてを見ておられる霊なる神とイエス・キリストが、決してこれを許さない。もしこれ以上、私に金を払え、とか、絶版にされたくないなら、5年延ばすのでお金を払え、とでも言おうものなら、今まで怒りを押さえておられた霊なる神が、その怒りをあなたたちにぶつけられる。

あなたたちはすべて撃沈する可能性があります。天罰があなたたちの頭上に降り注ぐかもしれません。霊なる神の言葉を書いたものを出版拒否してみたり、予言の内容を大幅に変えようとしたりすることは、霊なる神が決して許さない。

もし私の言うことが通じないなら、あなた方は人より先に怒りの神の天罰を受け、消え去ることになるかもしれない。恐《おそ》れを知らぬ者たちが。霊なる神とイエス・キリストの恐ろしさを知らぬ、ふぬけの愚か者どもが。この6年近く、あなたたちは私を血を流すほどに苦しめた（ほんとに血を流したよ。止まらぬ鮮血に大学病院にひと月入院した。徹底検査をしても異常が見つからず、医師は「精神的なもの」と言った）。

霊なる神とイエス・キリストをこれ以上ないほどにないがしろにしたら、必ず天罰が下ります（何しろ3年で絶版。『メギドの丘』は出版拒否と編集拒否をしようとした。莫大なお金を払って作ったのに）。

家畜は、結局、何も知らずに死んでいく。（T氏の言葉）

ゾンビは、結局、何も知らずに死んでいく。（私の言葉）

あんたらがどういう態度を取るのか、それを見るために、私はこの原稿を書いているんだよ。わかりましたか‼　家畜どもよ。ゾンビどもよ。

　まあ、何というか、東京は腐っている。田舎も腐っているが、日本国中の人間が腐っている。ゾンビ化していると言うべきか（核のゴミは全部東京へ持っていきなさい。一番多くの電力を使っているのが東京なのだから、核のゴミは、すべて東京へ持っていくべし）。

　日本国トップの首相は、まだオバマ大統領が退任もしていないのに、トランプさんと退任式大統領交代式もしていないのに、世界中でいの一番にトランプさんにしっぽをふりふりしながら会いに行った。ついこの間、オバマさんが広島へ来たのを忘れたのか。このオバマさんが核のボタンをいつでも押せるように、軍の者がずらりと核ボタンの人ったトランクを（かなり重そうで、大きな身体の人が少々よろけながら運んでいた）アメリカ軍隊の人が取り囲んでいる。

　大統領がどこへ移動しようとも、核のボタンをいつでもすぐに押せるように、必ず大統領のそばに置いておくことになっているそうで、日本にもその黒い重そうな核ボタンの入ったケースを持って、軍の人たちがそれを取り囲んでいた。これを今度はトランプさんが、どこへ行くにも持ち歩くのである。

世界中に莫大な税金をバラ撒きちらし、2時間遅刻、1時間遅刻で待たされながらもニコニコして、完全に軽んじられているのもわからず、「ウラジーミル」とか言っている。背筋がゾクゾクと寒気がするようなことを言って、あのウラジーミルの首相の大騒動の日本招待は一体何だったんですか。ロシアの大統領のものものしい、日本国中を上げてのあの大騒動は一体何だったんですか。

首相が愚かなら国民もバカ。マスコミもウラジーミルが日本へ来ると、大騒ぎしたマスコミもバカ。そうではない国民も、マスコミもいたはずである。

カッコだけつけたがる首相。占いのメールによるお告げによって国を動かしている首相。都民の金を我がもの顔に湯水のように平気で使いまくる都知事。くるくると何人変わりましたか。

今度の女都知事。「知事の浪費癖」との決別を都民に約束して知事になったのに、東京五輪のスローガンに「もったいない」を掲げた都知事は、あろうことか五輪開催にかこつけて、「超高額の無駄な買い物」をしていた、そうです。このことはまだ誰にもあまり知られていない。知られないように秘かにやったのでしょう。バレないかもしれない、と思って。

夜の世界からまっ昼間の世界へと移行し、暗かった世界の間は少々悪いことをしても見つからなかった。ところが今、まっ昼間の明るい世界へと移行したため、これを夜昼転換《てんかん》と言います。よって、どんな小さな、ささいな悪いことでも、すぐにバレて、明らかになるようになっています。

今、世界はそういう時です。夜、昼、転換の、昼の時代です。まっ昼間の世界だから、何一つ隠しおおせず、必ずすぐにバレてしまいます。それを今の都知事は知らないから、バレないと思い、バレないように、ひっそりとやったのでしょう。これのどこが「もったいない五輪だ!!」と言っておりましたが、もうすぐみんなが知ることとなることでしょう。

何だか人間が汚いですね。汚れを通り越して、もう人間の姿をしたゾンビとしか思えない。人間の姿をした魂のゾンビです。人間ゾンビ化です。東京も田舎も同一。ゾンビの群れの中で正常な人間が生きていくのは大変なことです。

正常な人間は一度言えば大切なことはしっかり心にとどめ、決して忘れません。

ゾンビはおんなじことを何べんも何べんも、もうホトホトいやになるぐらいおんなじことを、3年も4年も、10年も言っても、何一つ覚えていません。それが正常な人間とゾンビの違いです。

ゾンビの方が大多数で、正常な人間の方が少ないのですから、正常な人間は生きている間、困難な道を歩まねばなりません。

「愛」だけは使っても減らず、増えていく

「感謝は感謝を呼び、不平は不平を呼ぶ。何となれば感謝の心は『神』に通じ、不平の心は悪魔に通じるからだ。よって常に感謝をしている人は自然幸福者となり、不平を言う者は不幸者になる、これは真理だ」

2014年1月23日のブログに〝Iさん〟という方が、

「以前にこのブログで山下慶子さんの『メギドの丘』という作品を紹介させていただきました。同じく山下さんの著書に、『神からの伝言』があり、こちらもお読みいただければと思うのですが、その中で『無責任』と『勇気のなさ』は、再び日本にわざわいをもたらす、と言っておられます。これはまさしく至言だと思います。現在日本人（＝イスラエル人）（※同著参照）にとって痛烈に響く警句です。もはやこの段階まできたら、真実を知ろうとしない、そのことすら罪と言えるかもしれません。知らなかったでは済まされないというところまで来ているのです」

と書いておられます（この方まだ30代の後半です。日本がイスラエル、ということも理解しておられる。私の言わんとすることを、すべて代弁してくれている。自分で気づいておられないかもしれないけれど、この方、かつて「イザヤ書」を書かれたイザヤ様です。だから私の書いたことがイッパツでおわかりになる）。この人に私が頼んだわけではない。私はインターネットをやらない。この人たちが何をやろうとしているのか、Aさんが、そしてたらちゃんが、顔も知らないのに私の本を読んで、この人たちが何をしようとしているのか。

この地球がもうすぐ消滅するから、急いで、一人でも多くの人を新しい天と地へ連れていかねばならない。一人でも多くの人を山下さんの言われる「新しい天と地」、天国へ連れていかねばならない。そのためにまず、私の本をすべて読んで、この私の言うことを心底から信じ、共鳴しなければならないと活動してくれている。

この私が頼んだわけではない、顔も知らない人たちが、懸命に、一人でも多くの人たちを新しい天と地、天国へ連れていけるよう、連れていける者を見つけ出し、捜し出し、そのためには、山下慶子さんの本をまず読んでもらわなければ、と動いてくれている。

だから私の本を懸命に、ぜひ読んでほしいと書いてくれているのだ。私の本を読まねばわからない、通じない、それがわかっているから、Aさんが書いているように、山下慶子さんの本を、ぜひ読んでほしい、すべて読んでほしいと書いてくれているのだ。

彼らは何をしているのか。彼らは人救い（人助け）をしているのだ。彼らは本を売ってもうけようなどという小汚い心など一切持ってはいない。そもそも本が売れても、彼らにはお金は一銭も入らない。無償の愛です。虫メガネで見るような大きさの広告を出すのに何十万も取ることなど決してしない。

この私が頼みもしないし、顔も知らなくても、私の本をすべて読んで、ただそれだけで人救いをやっている。これを無償の愛、という。

物は使えば減っていき、いつかは必ず消え去る。しかし「愛」だけは、使っても使っても決して減るということはなく、どんどん増えていく。使えば使うほど「愛」は増えて、大きくなっていき、ついには、イエス・キリストのようになる。

イエス・キリストの愛の方が大きいか、自分の愛はまだそこまでは届かぬか、と愛を持つ人は自問自答するように、「愛」は決して減らず、消えず、持てば持つほど、使えば使うほど、その量は増え、増大する。そしてついにはイエス・キリストのようになる。

当然彼らは新しい天と地、天国へ行く。物質を何一つ持っていなくても、お金をまったく持ってはいなくても、愛だけを持っていた、というだけで、彼らは天国、新しい天と地へ行く。

お釈迦様やイエス・キリストが、何かこの世的なものを持っていたか。このお二人、家さえ持てていなかった。持っていたものは、ただ「愛と慈悲」だけである。聖者の持っていた者は「愛と慈悲」、ただこれだけである。

文芸社の「サル山の親分」に告ぐ。耳をかっぽじってよく聞いてほしい!! 私のこの本を無料、タダで出版してもらいたい!! 私のこの大切な7冊目のこの原稿を無料、タダで出版してほしい!!

私の本を絶版にするのをやめてもらいたい。私の命のかかっている予言の成就もまだないのに、プーチンが、日本の皇室にまだ何もしていないのに、私の預言書すべてを絶版にするのをやめてほしい!!

3年で私の本を絶版にすると言ってきた時、私は担当者に「社長に伝えてほしい!! 絶版にするのはやめてもらいたい!!」と言った。もし社内の誰かが私の言うことを聞かずに絶版にすると言ったら「社長に伝えてほしい!! 私の預言書を絶版にしないで!! と必ず社長に伝えてほしい!!」と手紙を出し、電話で怒鳴った。

『メギドの丘』を出版拒否し、そのせいで編集者は『神の怒り、人類絶滅の時』の、神から、霊なる神から、天地創造の神から伝えられ、人類に与えられたこの原稿を、大幅に直された。そして、バトルの最後に、「私の言うことが聞けないなら、編集を拒否します」とはっきりと宣言した。

サル山のボスに伝えたい。多額の金額を出して6冊の本を出版した私に、あなたは感謝のかけらもないのでしょうか。私をむげに扱い、さらに『メギドの丘』の出版拒否までしようとした。原稿を読んでも価値の判断のつかない者が文芸社のボスの座にいる、ということだ。

たま出版の元社長の子息が社長ということで、私はすっかり文芸社を信用していた。なぜならば、たま出版の本はほとんどすべて読んできたからだ。何とその社長の息子さんが文芸社の社長になったとは。そして私を困らせることになるとは。

文芸社のボスに伝えたい。この私の大切な原稿を無料で、タダで出版してもらいたい!! 文章を一切変えないでほしい!! プーチンがまだ何もしていないのに、私の本すべてを絶版にするのをやめてほしい!! あなたがどうするか、この私の条件を飲むか飲まないか、返事を待ってから、後半は書くことにする。

著者注・「北から来るバビロンの王・ロシアが日本の皇室を襲い、破壊する。それが引き金となり、日本は再び火の海と化す」と私は書いた。かつてのバビロンの王の名はネブカドネザルという。私は、このネブカドネザル（ザルともツァルとも発音するので呼び名はどうでもよいけれど）このネブカドネザル（ツァル）が、今もアメリカに存在していると、どこかの本に書いてしまった。正しくはロシアです。お詫びして訂正します。

私は、心臓を止めるのは「霊なる神」「天地創造の神」であるとはっきりと書いた。私についている天地創造の神、霊なる神は人の心臓を止めることもできる。

私のこの条件を飲まないなら、あんたの心臓は止まるかも？　これ以上書くと脅迫罪になってしまうので我慢するが、こちらの気持ちをくみ取ってもらいたい。

文芸社がこの原稿をボツにする、と言うなら社長と話したい。文芸社がどういう判断を下すかを見てから後半を書くことにする。

著者注・ここでいったん書くのをやめて、原稿を文芸社に送り、サル山のボスがどういう態度に出るかを見る。私の怒りは最高潮に達している。ことと次第では、この原稿を私は捨てる。

※※※

脅しが効いたのか、「出版してもよろしい。今後、あなた様の原稿に関して、出版拒否など決して致しません。あなた様がストップをかけられない限り、すべての本を絶版にはしません、という契約をはっきりと交わさせていただきます。その代わり、出版費用だけは今まで通り、いただきます」という結論になった（前の6冊を絶版にしない、ということはできない。この原稿を今まで通り、数百万のお金を出して出版するならば、という条件つきで絶版を止めてもいい）。

フン、私の要求を全部飲んだわけではないではないか。フン、何という会社だ。まあいい。もうすぐ地球消滅が来るのだ。見ておるがいい。私の予言が成就するまで絶版にするな、と言っているんです。

何しろ相手は大事なことはまるでわかっていない人たちばっかりなのだから、まったく話にならない。そういう人たちとでは、まともな会話などできようはずがない。

たとえれば、サルがあんまり言うことを聞かないので、ガツンと頭を叩いたら、キャッキャッキャッキャッと言って少し言うことを聞いただけの話である。

サルと真剣に戦っている間に、いつの間にか私もサルになってしまった。人間というものは、相手によってしか言葉が出てこないのである。サルとばかり話していると、自分もサルになる。レベルの高い人と話していると、自分のレベルも高くなる。愛多き人と話していると、自分も愛多き人間となる。

つまり、人間は、相手に応じてしかふさわしい言葉というものは出てこないのである。サルとケンカをしているうちに、私もサルになってしまった。まるで話の内容も、話し方もサルである。どうやって頭を切り換えるか。サル軍団から抜け出さなければ、まともな、人間らしい言葉は出てこない。

今日はメダカを10匹買ってきた。入れものと、ブクブク言わせるのと、メダカのエサを買った。メダカは何ともかわいい。私のすぐ横で、メダカが10匹泳いでいる。もうかわい過ぎて、癒やされる。買ってきてから今日は一日中、メダカを眺めていた。編集のT氏に先ほど電話をしたら、担当のYが嘘をついていた。「T氏も原稿

（後半何も書いていない途中までの原稿）を読んだか」と聞いたら、「T氏も読んでいる」とはっきりと答えた。ならば話は通じるだろうと電話をしたら、自分は編集なので、担当と決まってから初めて原稿を読むんです、と言っていた。

担当者のYは嘘つきである。おおまかなことを話したら、「また、私との戦いになるでしょうが」と編集のT氏は言っていた。編集者との戦いが待っているのである。

著者注・あくる朝早くに「編集のTさんから怒られました。わたくし山下さんにお詫びしなければなりません」と言ってきました。わたくし驚いて感動しました。今時こんな風にきちんと怒る人はいない。言われる方より言う方がずっと嫌なのです。

何だか胸がすうっとして、この担当者に対する怒りが吹っ飛びました。人間の感情って、こういうものなのですね。

それにこの担当者、今年39歳になったそうですが、私と出版社との間の戦いに挟まれて、息を切らして電話をすると、「フーッ、フーッ」と息切れさせて社内を駆けずり回っておりました。私から「子ザル」と言われながら。かわいそうに。

私はもう疲れた。予言を書き換えられては、何の意味もない。一度あの予言をメチャクチャ自分の言葉に書き換えられて、原稿上の言葉遣いをめぐって、火花を散らし、すさまじいあの戦いをまたするのかと思うと、もうこの原稿を本にするのはやめた方がよいのでは、とさえ思ってしまう。

しかし、インターネットのできない私には、Iさんや、たらちゃんやAさんに、この本でお礼を言うしか他に手段がない。

「この者に警告を書かせておるのに、目を覚まさぬ者ばかりぞ」

そろそろ本題に入らなければ。

どうして地球上にこれほど大量の核が存在していると思いますか。ナパーム弾はさすがにすさまじい。水では決して消えない火で人間や家屋を焼き払うので、絶大な効果がある。

絶対に水では消えない火。水で消そうと頑張っても決して消えない火。水の上を平気で這ってくる火。戦争で人を殺すにはもってこいの兵器である。

太平洋戦争の時、このナパーム弾が雨あられのように日本国中に降り注いだ。軍は、火を消そうとしない者はとっ捕まえる、と言った。この絶対に水では消えない火を消そうとして、大勢の人が焼け死んだ。川に逃げた者は、水では決して消えないこのナパーム弾の火が川の上を這ってきて、それに焼かれ、水の中で死んだ。

ベトナム戦争でもこれが使われた。今ではテロ集団がこれの作り方を学んでいるところだそうである。

これだけ世界中で、きのうも今日も、というように自爆テロが起きている。大勢の人が死に、恐怖に包まれたこの世界にあって、あなたはまだ他人事《ひとごと》と思うのか。まだ改心しないのか。目を覚まさないのか。

もう新しい天と地へ行くか、霊なる神に火の釜（海）に投げ込まれて霊肉ともに消滅するか、二つに一つだと言っているでしょ!!　信じなさいよ、この私の言うことを!!　あのね、私の本を全部読むこと。たらちゃんが言ってくれているようにまず基礎の『預言の書』をきちんと読んで頭にたたき込むこと。それがわかった後、あとのすべてを読むこと。そして、それをすべて自分のものにすること。それ以外に救われる道はないのよ。

　なぜ地球上にこれほど大量の核があるかって？　ナパーム弾がどれほど大量の人間と家屋を焼き払えても、クラスター爆弾がどれほどの殺傷力があっても、この地球をぶっ壊すことはできないの。

　この地球上のほとんどの国が、これほどの大量の核爆弾を持ったことがあったかね。あのね、クラスター爆弾や、ナパーム弾がどれほど大量にあっても、この地球をぶっ壊すことはできないの。わかる？

　しかし世界中が今のように大量の核爆弾を持っていれば、この地球を何回でもぶっ壊すことが可能なの。それで霊なる神様が、

「よしよし、もっと造れ、もっと造れ。多ければ多いほどよいぞ。この地球を粉々にぶっ壊すのじゃ。壊れなかった所はこのわしがぶっ壊してやるから、安心してどんどん造れ。

　地球だけではないぞ。この度は、人間もろとも太陽系銀河も消えるのだ。見事に消してみせるぞ。

「この者に警告を書かせておるのに、目を覚まさぬ者ばかりぞ」

そのために、この者にわしが何十年も前から警告を書かせておるのに、この者は、必死でそれを伝えようとしておるのに、あんまりのことぞ。目を覚まさぬ者ばかりぞ。この者をなめておると、とんでもないこと起こるぞ。もうこの者の周りではいろんなわざわいが起きておる。なぜ自分がそういう目に遭うのかさえわからんでおる。この者をなめて、言うことは聞かず、へ理屈ばかり言うて、もうどうにも救いようがないのだ。

この者をなめておると、とんでもないこと起きるぞ。そろそろもう人間も、地球も月も太陽も消し去る時が来たようだ。〝盲目〟の人間ども、私は天地創造の神、あなたたち人間の創り主。万物の創り主。どれだけ待っても、あなたたちはもう目を覚まさぬ。

私がこの者に書かせたことを信じる者のみを、私は新しい天と地へと連れていく。イエスの再臨に弾圧を加えたのは誰か。ついに人間は、私を見出すことはなかった。理屈はいらん。この世的頭の良さもいらん、新しい天と地は、へ理屈などない世界じゃ。

私はあなたたちに言う。これが私があなたたちに言う最後の言葉だ。必要なのは『愛』だ。新しい天と地は『愛』しかない世界だ。

イエスも言った。この者も声を大にして言い続けてきた。『愛』のない者はそこへは行けない、と。『愛』ある者だけがそこへ行くのだ。イエスがどれほどそれを教えたか。この者がどれほどそれを叫んできたか。

あなたたちはこの私の言葉を伝える者をないがしろにしてきた。イエスを十字架で殺した。洗者ヨハネの首を切り落とし喜んだ。

イエスが、『エリアはもう来た』と言ったのは、預言者エリアが洗者ヨハネだったからだ。私が遣《つか》わした者たちをあなたたちは殺して喜んだ。

人間たち、よく聞くのだ。この者が天罰が下る、と言ったら必ず天罰が下るのだ。この者の言ったこと、書いたことは、一つ残らず、すべて、必ず成就する。何となれば、この者は、私に遣わされた者だからである。すべて、この者が言うこと、書いたことは、成就する。

この者を信じる者だけを、私は新しい天と地へ連れ行く。あとはすべてまっ殺だ。

「この者に警告を書かせておるのに、目を覚まさぬ者ばかりぞ」

覚悟の時だ。

へらへらと笑っていた者の頭上に、震え上がる恐怖が降り注ぐ。その時ではもう遅い。助けてくれと泣き叫ぼうが、苦しみのあまり私の名を呼ぼうが、そのような人間は私はもう知らぬ。救いなどせぬ。

肉体を焼かれ、そしてこの私が霊体を焼き払う。これで役に立たぬ、この私が必要とはせぬ人間の消滅だ。

イエスも、この者も、必死で救われる道を求めて叫び続けてきた。あれほどの地震の恐怖にあっても、まだ悟らぬか。火の海の恐怖が迫りつつあるのを、まだ悟らぬか。飢えの苦しみをまだ悟らぬか。私はもう待たぬ。

『愛』ある者だけを私は救う。偽善の愛ではないぞ。偽善の愛を行う者が多いのう。見ていて私は身の毛がよだつぞ。偽善の愛を行う者を見ていると、私は身の毛がよだつぞ。

いの一番に恐怖の霊体まっ殺じゃ。偽善の愛を行う者など、いの一番にこの私が恐怖の霊体まっ殺で消し去る。この者はもう私の言うことを書くのがホトホト心底いやになっておるぞ。

無理もない。それにこの者は、自分が予言者などとはかけらも思ってはおらぬ。私が与えた役目だからだ。自分で選んだ道ではないからだ。

この者は本当は自分が預言者や予言者などとはかけらも思ってはおらぬ。私の言葉を書く時だけ、そう言っとるだけだ。それでよいのだ。

イエスもまた、自分が救世主などとはかけらも思ってはおらぬ。ただこの私に遣われ、役目を果たしただけだ。苦しみ多い役目をな。

今日はメダカを10匹買ってきて、『かわいいネ、かわいいネ、あんたたちほんとにかわいいネ』とずっと半日メダカを眺めておったぞ。もう書くのも言うのもいやになっておる。

無理もない。もうこれ以上苦しむことはない。この者は、あの海の山の巨大津波で、何も残らないように、家ごときれいさっぱり流してほしい、と願っておる。私はそうするつもりだ。

まだわからぬか。死んで後、引き上げる者は引き上げる、と何度同じことを言えばわかるのか。一旦死ぬのじゃ。そののち、この私が偽善の愛ではない、真実の『愛』を持った者だけを引き上げる、と繰り返し繰り返し言うてきたぞ。まだわからぬか。まだ信じぬか。

この者は何十年も人間を見続けてきて数名の正しい者を、新しい天と地へ行く者を見出しておる。数名だ。イエスに似た者となるようこの者が努力したように、あなた方もこの者に似た者となることだ。それが新しい天と地へと行く条件だ。それが私が人間を愛する条件だ。

この者はへ理屈など決して言わぬぞ。一度も言ったことがない。人を妬《ねた》んだことも一度もない。勇気をもって正しいと思ったことは言う。新しい天と地は、へ理屈などない世界だ。

この者がイエスに似るよう努力したように、あなた方も、この者に似るよう努力することだ。黙示録のヨハネも、パウロも、そしてイエスの母、マリアも、この者に似るどころか、頭から信じなかった。これらの者さえ救えない自分を、この者は嘆き、悲しみ、そして自分を責めた。怒鳴りながらも自分を責めておる。

あのな、言われる方より、怒鳴る方が悲しく辛い思いをしていることがわからんのか。人間の気持ち、心、というものがわからん者ばかりじゃのう。怒鳴っておる者の方が怒鳴られる者よりも傷つき、心がズタズタになっておることがわからぬか。人間の心というものがわからんやつは、もはや人間ではない。

あのな、この者が怒鳴るといっても、『このハゲー!! 死ねば。お前など生きる価値ないだろ』などとは決して言わないぞ。必ず逃げ道を作っておき、相手を追いつめない。頭で考えながら怒鳴っておる。それがやさしさ、愛というものだ」

あなたたちの霊体と肉体を創っているのはこの私だ

ここから私は大切な話をする。乗るか反《そ》るかだ。文芸社の者ども、よくよく聞け！あれだけの戦いをして、自分の本がもう絶版にはならないと知って、苦しみに苦しみ抜いてきたこの6年から解放され、

「天地創造の神よ、あらゆる万物の創造主である霊なる神よ、喜んでください、わた

くしがもう絶版にしてもよい、と言うまで、あなた様から授かった預言と救いの書が、消えて失くなる、ということがなくなりました。あなた様から授かった預言と救いの書が、まだ何も成就してはいないのに、もう消えてなくなり、一切人々に伝わらなくなるかと思うだけで、わたくしはパニックに陥《おちい》り、それがあと7か月に迫ってきた時、わたくしはパニックを通り越して完全にノイローゼとなり、安定剤をガボガボ飲みながら生きておりました。

担当者に、〝私の預言が成就するまで絶版にしないでください‼〟と、今まで何度叫び、訴え、怒鳴ってきたことでありましょう。どれだけ言っても、何の効果もありませんでした。ただただただ、死に絶えるような気持ちと、あなた様のお役に立てなかった虚しさ、それはこの文芸社に対する憎しみへと変わりました。私にとっては命を賭けた最後の戦いでした。乗るか、反るか、どうするか、はっきりしろ‼　と。

人を非難する時は自分もやられる覚悟をしなければなりません。しかし、天地創造の神よ、霊なる神よ。命を賭けた戦いの末、6冊の本、すべてがわたくしがストップをかけるまで絶版にはならないことに決まりました。彼らにはなぜわたくしがこれほどまでに怒るのか、わかっていないでしょう。なぜわたくしがこれほどまでに怒るのか、彼らは何もわかってはいません。ただ自分が霊的におびやかされる恐怖があるだけで、彼らは何一つわかってはおりません。〝まだ預言が成就していないから絶版にしないで‼〟と言っている私の気持ちが。

これが天地創造の神、霊なる神から授かった人類にとって、大切な預言であることさえ、いまだ彼らは何もわかってはおりません。ともあれ、絶版にするのをやめさせる、というこの長い長い苦しみを一つクリアできたことを、天地創造の神、霊なる神様に、心底、感謝申し上げたいと思います」

このようにこの者は、この私に心底感謝をしておった。

ところがまた3日前、担当者が、「この原稿を本にしない限り、また絶版となります。この原稿を出版するという条件で、自動的絶版なしになったのです。この原稿を、また数百万の金を出して出版しない限り、あと七か月で山下さんの本はすべて絶版となります」と言ってきたのだ。まだ全部書いてもいない、しかも長い年月苦しめられ続けてきたこの文芸社との対決を洗いざらい書いたこの原稿を、また数百万の金を出して出版するなら絶版にはしないでおいてやる、と言ったのだ。

6冊の本が絶版にならなくてよかった、と安堵している時にだ。この者の安定剤の量がまた増えた。こんな原稿を世にさらせと言うのか。おまえら、どうかしてやしないか。金もうけのためなら平気で人を裏切るのか。これほど汚い人間はいないのではないか。まるでそこいらのサギ師と一緒ではないかと言いたくなってしまうぞ。

よく耳をかっぽじって聞け!!

私は天地創造の神、霊なる神だ!! 聖者たちを、人間のために、地上に降ろし続けてきた、天地創造の神、万物の創造主、あなたたちの霊体と肉体を創っているのはこの私だ。人間の心臓をいとも簡単に止められるのもこの私だ。

霊体を創ったのは誰か、肉体を創ったのは誰か、あなたの心臓を動かしているのは誰か。夜空の星々を創ったのは誰か、地球と月と太陽を創ったのは誰か、地球の70%が海だぞ。地球に海を創ったのは誰か。

あなたたちは、タダで、無料で空気を吸わせてもらっている。私は無料で人間にすべてを与えている。この私に生かされているのに、金、金、金と、人々から金をむしり取っているのは人間であるあなたたちだ。あまりにも汚いこの地球を人間どももろとも、うす汚い、汚れた、おぞましいほどに汚れた人間どもを始末するのだ。

6冊の原稿を読んでいる者が、それがわからぬか!! この者の怒りは私の怒りだ。この者が書いたものは、すべて私が書かせたものだ。

この者が出した条件は、この私がおまえらに出した条件だ。三つのすべての条件を飲め!! 三つの条件をすべて飲め!! これがおまえらを生かしてやっている天地創造の神である私の命令だ!! 三つの条件をすべて飲め、グダグダ言うな。人間の心臓を止めるのはこの私だ。

自分の死ぬ日も知らない人間のくせに、ふんぞり返って偉そうにするな。ビルの最上階でふんぞり返っている男に伝える!! もしこの三つの条件をグダグダ言って、これだけ言っても聞かぬというなら、そのビルのてっぺんにいる男と共に、そのビルから転げ落ちるだろう。あっという間に皆を路頭に迷わせることになる。誰も二度と職になどつかせぬように、この私がする。

つまり、おまえらは〝物乞い〟になるということだ。つまり文芸社をこの私が攻撃するということだ。ついでにあの最上階でふんぞり返っている男がやっている仕事もすべてこの私がダメにする。見ておれ。前もって教えてやるのが私の常で、天地創造の神、この私の愛というものだ。

担当者はさっそくこの者の原稿にケチをつけておった。天皇論がどうのこうの、話が脱線している、云々。どこに非難すべきところがあるか。どこまで傲慢になれば気が済むのか。非難されるべきは、私からの罰を受けるべきは、文芸社のおまえたちではないのか。

平気で嘘までついて。よくそういう嘘がケロッとしてつけるな。何でもすぐばれるのだ。この者に嘘や隠しごとは一切通用しないのだ。もうダメにして、路頭に迷わせて、みじめな物乞いにして、役立たずと傲慢の罪を償わせる他ないな。

救われたいなら、この私に罰を与えられたくないなら、三つの条件をすべて飲みなさい!! これは私がおまえたちに与える条件だ!!

総力を上げて、この私の救いの書を宣伝しなさい!! 金などむしり取らずにだ!!

総力を上げて人救いをしろ!! 人救いだ!! 一般の者が、この私が書かせた預言の書をすべて読んで、懸命に人を救おうとしておる。この者が頼んでもいないのに、だ。何という違いだ。一般の者が理解しているのに、何たるざまだ!! おまえたちは!! 罰を与えられたくなければ、この私から文芸社に罰を与えられたくなければ、総力を上げて、この者の書いた本を宣伝するのだ!! 人を救うのだ!! それがおまえらが生き残れる唯一の道だ。他に道は一切ない。

それをしない限り、おまえらに希望も救いもない。一気に転落するだろう。一気にだ!! この者からこれ以上金をせしめることは、この私が許さぬ!! わかったか。一般の者でさえやっていることだ。「愛」だ。この私を認識できる世にも貴重な、すばらしい存在だ。勇気を持った、実に貴重な、すばらしい存在だ。

おまえたちは、私が語った言葉を書いた『メギドの丘』を出版拒否、編集拒否しようとした。

私はすべてを見ている。すべての人間の一挙手一投足、かけらも見逃すことなく、常に人間のすべてを見ている。イエスは言ったぞ。「あなたたちの髪の毛一本一本さえ、すべて数えられている」と。「一羽のすずめさえ、神の前に忘れられてはいない」

と。
私の言ったことを、すべて実行することだ。それ以外に、あなたたちが救われる道も、哀れな人生を送らされるはめになるのを避けることも、それ以外にない。それ以外にはないぞ。しかと言ったぞ。

著者注・これだけ天地創造の神から言われて、この原稿を読んでも、この原稿を今まで通り数百万円で出版するなら絶版にはしないと言った。これだけ出版社の悪口を書いた原稿を出版するなら、どういう神経なのだろう。数百万の金が欲しいのだと思う。

『メギドの丘』を出版拒否しようとしたのに、これだけ悪口を書かれたこの原稿を出版するなら絶版にはしない、とは一体どういう神経なのだろう。数百万のお金のためとしか思えない。
すべての本が絶版にされるのを食い止めるため、私は数百万円を振り込んだ。しかし、そのお金がそっくりそのまま私のところに戻ってきた。この奇蹟を知っても彼らは何とも思わないだろう。

「私を信じなさい！　私の言うことを信じなさい！」

数年前、世間が、オサマ・ビンラディンは生きているのか、死んだのか、と騒いでいたから、「オサマ・ビンラディンは病気などしておらず、ピンピンして生きている」と私ははっきりと書いた。アフガン戦争の後、ビンラディンが殺されたのか、それともまだ生きているのか、と世界中がビンラディンの生死がわからず、世界中がそれを知りたがって騒いでいた。

ちょうどその時原稿を書いていたので、はっきりと「オサマ・ビンラディンは病気などしておらず、ピンピンして生きている」と書いた。ねえ、どこの誰がオサマ・ビンラディンは生きている、とこれほどはっきりと断言できる者がいますか。そうでしょう？　生きているのか殺されてもう死んでいないのかわからないから世界中の者がどうなんだ、と言って騒いでいたのだから。

どこの誰が、この時はっきりと生きている、と断言できる者がいますか。あなたはどうですか。アフガン戦争の後、ビンラディンの生死を知りたがって世界中が騒いでいる時に、「オサマ・ビンラディンは死んでなどいませんよ、ピンピンして生きていますよ、しかも病気などしていなくてね」とあなた断言できますか？　私はオサマ・ビンラディンの側近でも何でもない。遠い日本の、しかも片田舎に一人でポツンと日々を暮らし、しかも、ケイタイもスマホもインターネットもしないし、持っていない、そんな人間が、どうしてここまではっきりと断言できますか？

本の中に書けますか？　残るんですよ、活字として。

その数年後、前アメリカ大統領のオバマさんがオサマ・ビンラディンを殺して人々の英雄にならないように、と遺体を海に捨てた。なぜ9・11が起きたのか、という反省もなく、ビンラディンを殺す必要などなかった、と私はその時思いました。「なぜ殺す！　殺す必要などない!!」と、その時私は激しく思いました。

何を言いたいのか？「私を信じなさい」「この私の言うことを信じなさい」と言っているの。私が「死ぬ」と言ったら、相手は死ぬ。私が死なないと言ったら、末期のガン患者のガンがすべて消え去ったことがあった。先生は「奇蹟だ、奇蹟だ、奇蹟が起きた。大勢の患者を見てきたけれど、こんな経験は初めてだ」と言っていた。「山下さんのおかげ、山下さんのおかげ」と50代の夫婦二人から感謝されているけれど、メダカと遊びながらでも、私は目の前に現れるそういう人たちをたくさん救っている。

これはもう私の日常。ただ、「この人は死ぬ」と思った人には何も言わない。黙っている。そしてそれらの人たちは苦しみながら、やっぱり死んでいく。どこで見分けるのか。

末期で、50代で、もう手術もできないと、これ以上落ち込めないというほど落ち込んでいる人に「私を信じなさい！　私の言うことを信じなさい！　あなたは死なないから安心しなさい！　私を信じなさい、この私の言うことを信じなさい！」と言った。そうしたら、きれいさっぱり、ガンが消えてしまって奇蹟奇蹟と言われた。イエス・キリストも人の病をいやす時、「私を信じなさい」と言った。

その人は今はもうピンピン元気で仕事をしている。もうこのようなことは私の日常で、とり立てて言うようなことではない。「私を信じなさい！　この私の言うことを信じなさい」。信じない人もいるから、必死で私が言うのはその言葉だけである。

「私を信じなさい！　私の言うことを信じなさい」今までにどれだけこの言葉を口にしてきたかわからない。どれほどの末期であろうと、死を宣告された人であろうと、私は「私を信じなさい！　この私を信じなさい！」と言うだけである。言われた通り、素直に私という人間を信じた人には奇蹟が起きた。医師に、「こんな患者は今までに見たことがない」と言われるほどに改善した。

何を言いたいのか。「私を信じなさい！　私の言うことを信じなさい！　この私を信じなさい！」、それを言いたいのである。あまりにも信じない者が多過ぎるから。

人の病気が治ったからといって、私にとっては別段うれしいことでも何でもない。この世的な病気が治ることと、死んで後《のち》、新しい天と地へ行くこととはまったく別問題である。病気が治ったといって感謝されても、私はいつも完全に冷めている。

死んでのち、新しい天と地へ行くか、天地創造の神、霊なる神に火の海に投げ込まれるか（最近、投げ入れる人間の数が多過ぎて、火の釜では間に合わないので海のように広い火の釜を作られたことは、先の本でも何度も書いた）。要するに、今までも何度も何度も繰り返し書いてきたように、新しい天と地へ行くか、霊肉ともにこの火の海に投げ込まれて完全消滅するか、もう道はこの二つしかないのである。

そのためにイエス・キリストが二千年の時を経て、イエスの持つ想念が、山をも動かすその偉大過ぎる想念が、山や海に現れ始めている。海をも操るそのお方、天地創造の神、イエスが父と呼ぶ神、私が霊なる神、と呼ぶそのとてつもないお方から与えられた、そのすさまじいほどのその想念が、もう山や海に現れ始めている。ボケ〜〜っとしている人間にはわからない。悟りのない人間にはこれがまったくわからない。

T氏の言葉ではないけれど、

「家畜は、結局、何もわからないまま、死んでいく」

そして人間の霊体を焼き払い、消滅させるべく待ちかまえておられる天地創造の神、霊なる神によって霊体を焼かれ、その人間は消滅する。これを第二の死と呼ぶ。霊体を消滅させ得るのは、天地創造の神、霊なる神以外にはない。

イエスも言った。どれほどの奇蹟を自分が起こせても、この人間の霊体を消滅させ得るのは、この第二の死を行えるのは「父なる神」以外にはいないのだ、と。

「私を信じなさい！　私の言うことを信じなさい！」

そういうわけで、二千年ぶりにイエス・キリストが日本に再臨した。清まった魂はめったに地上に降りてこない。汚れた魂は死んでもまたすぐにこの地上に生まれて浄化不十分で生まれてくるため、さまざまなトラブルをかかえて生まれてくる。

しかし、もうこれもおしまい。霊界の地獄にいる者どもは、すべて火で焼き払われ、霊界そのものがもうなくなる。もう死んでも我々の行く所はない。消滅か、新しい天と地へ行くか、二つに一つしかもう道はない。そのためにイエスは「最後の審判」を人間どもに下すために、二千年ぶりに、この日本に再臨した。

日本の、誰一人知らぬ者はいない超有名ベストセラー作家（男性）が、「万が一、間違って自分が天国へ行ったら、すぐさま私は地獄へ行く。自分にとっては地獄の方が居心地がよく、死んだ仲間たちもすべて地獄にいると思っているから、間違って天国へ行ったら、すぐさま私は地獄へ行く。自分にとって地獄の方が居心地がいい」と言っていました。

完全に焼き払われ消滅の人ですね。いかに超有名、ベストセラー作家であろうと、自分のファンが、もう数え切れないほどのファンがいても、共に地獄へと行き、焼き払われ、消滅の憂き目に遭うとは考えないのでしょうかね。

日頃から軽い人だな、とは思っていたけれど、そこまで愚かであったとは。責任というもののない人ですね。これが超有名男性、ベストセラー作家ともてはやされているのですから、自分も偉いと思い込んでいるのですから、もう日本はおしまいですね。軽いんです、この人。若くはない、いい年なのに。

あの女を出すのは大失敗でした

ここで超有名ベストセラー作家という人たちに一言。

「ペテロの○○」と「ソロモンの○○」という本を書いている超ベストセラー作家がいますが、ペテロが、何者か、何をした人間か、どこにいてどういう生涯を送った人間か、何もわかっていないのではないでしょうか。ただこの名前をつけて何か物知りと思われたくてこの名前をくっつけただけではないのかとさえ思ってしまいます。

これのテレビドラマ化が、バスジャックがどうのこうの、というドタバタドラマでした。半分お笑い、半分ドタバタ、いかにペテロをくっつけて自分が物知りと思われたいかがみえみえだと思いました。失礼ながら、笑ってしまいました。知っている者からすればね。

いかにものを知らない人間を日本人は持てはやすのかですね。ソロモンがどこの人で、どの地に生まれ、いつ頃存在していた人で、どういう地位にいた人かなど、この作家さん、何一つもわかっていないのではないか。

ソロモンという名前と、ドラマがまったく関係のかけらもないのですから。要は、何も知らないのに自分をさもさも物知りに見せたいためにソロモンという名前をくっつけただけではないか。知っている者から見ると、ほんと笑えますよ。いいかげんだなあと。

これを国民は口をポカーンと開けて、喜んでこのドラマを見るのですから。題名に、何の疑問も持たずに。そもそも、ペテロだのソロモンだのを国民が知らないのですね。だから有名な人のドラマだからといって、口をポカーンと開けて、国民は喜んで見るのですね。

先日、わたくしの最も尊敬するお方がBSのテレビ番組に出演すると知って、それはもう初めて生でお顔を拝見できるし、どんなすばらしいお話をされるかと、わたくし久しぶりにテレビの前で興奮して待っておりました。そうしたら、ほんとにそれはもう何と言ったらいいか、今まで聞いたことのないお話をされるのですね。

心底すばらしいお話をされているのに、その横で、もう一人の女のゲスト、一冊本が売れただけでベストセラー作家、プロ作家、と呼ばれ、わたくしに言わせますと、もう軽過ぎてどうしようもないいい年した女なのですが、この女のゲストが「センセー、アメリカがお嫌いですものね」と言ったのです。

今までかつて聞いたことのない、それはそれはすばらしいお話をされている途中で、この女のゲストがF氏ににじり寄っていき、「センセー、アメリカがお嫌いですものね」と発言したのです。あなたF氏はアメリカの大学で教鞭をとっておられた方ですよ、数学者ですよ。どことかの有名大学で今も教えておられる方ですよ。

今まで聞いたことのないお話をされているのにF氏のそばににじり寄って、F氏の腕を撫でながら、「センセー、アメリカが嫌いですものね」。この女に腕を撫でられた時は、さすがF氏もギョッと驚いた顔で話を止めて、女を見られました。迷惑そうな顔をして。

すばらしい話をされている途中で「じゃーセンセー、北朝鮮は？」、まったく関係のない話をされていたため、この言葉にギョッとした顔をして、女を見られましたが、まったく北朝鮮とは関係のない話をされていたんですね。

あの時のF氏の顔、わたくし今も忘れません。この番組その女のせいでメチャクチャでした。もうF氏のしゃべる間もないぐらい、一人でくだらない話を物知り顔に○○タッ○ルのあの司会の軽さでしゃべりまくるものだから、意味のないことをしゃべりまくるものだから、F氏は途中から一言も話されなくなりました。最後までもう何も話されませんでした。

わたくしテレビに向かって「あんた、だまっときなさい!!」と怒鳴ってやりました。もう腹が立って。もう二度とあのF氏のお話を生で聞けることはないでしょう。この軽過ぎる女。たった一冊の本が売れただけでプロ作家と呼ばれ、奥さんと4人の子供がいた人と最近結婚して、60歳も過ぎて、20年も不倫をしていた、と今日読んでいた週刊誌にはゲス何とか女と書いてありました。

20年も親しくしていた奥さんのダンナと結婚するなど、60歳も過ぎて、あのしなだれてF氏の腕を撫でる、F氏のほんとにいやそうなあの顔を思い出すと、いいかげんにせい!! 頭の悪いバカ女が、とわたくし思ってしまいます。

あの番組にあの女を出すのは大失敗でした。クソッ。もっとF氏のお話を私は聞きたかった。あのすばらしいお話の続きを。途中から、ほんとに何も話されなくなり、最後までもう何も話されなかった。あの女、軽過ぎて、わたくし心底嫌いです。〇〇タッ〇ル、今もやっているんですか。わたくしあの女の顔を見たくないので、たけしさんは好きですが、もうあのテレビ番組、二度と見なくなりました。

「日本ファースト」という記事を見るたび、背筋が寒くなる

数年前、20年近く出版社の編集長をしていて、早期退職者を出版社が募《つの》ったので自

分も退職して、以前から考えていた電子書籍出版業に乗り出したが、完全に失敗して、周りの者に大きな迷惑をかけてしまい申し訳ない結果に終わってしまった――という内容の本を読みました。この人の本の中に、さすが20年も出版社の編集長をしていた人だから、それはそれは内容は詳しい。その中で、「自費出版は著作ではない」とはっきりと書かれており、「自費出版は著作ではない」と見られているのか、とわたくし、この言葉に相当落ち込んだ。何せ、20年も出版社の編集長だった人である。こう言われて落ち込まない人はいないでしょう。

「自費出版は著作ではない」とはっきりと書かれていた。

しかし、冷静によく考えてみると、あの超有名な日本のベストセラー作家、あの「飢えのあまり、人を殺して食べたいと思った」とテレビの自身のドキュメンタリー番組で言っていたあの作家さんも、最初の「○」という本は自費出版をした、と言っていた。

フランスの詩人、ポール・マリー・ヴェルレーヌも、最初の本は自費出版している。ヴェルレーヌは、「あんた何ばしょっとね、働きもせんで、くだらんもんばっかかし書きおって、いいかげんにしなさい!!」と母と姉に怒られながら、「いいけん、お金ば貸して、売れたらいつか必ず返すけん、お願い、この詩ば出版したかとたい。お願いお金ば貸して、あんがと、売れたらそのうちかえすけんね」と言って、母と姉からお金を借りて自費出版している。

何の返すもんですか。母と姉から借りたお金など返すもんですか。天才詩人、アルチュール・ランボーとつるんで夜な夜な遊び回り、この二人、べったりで離れられず、周囲はこの二人から大変な被害をこうむっている。この二人の話をし始めたら長くなるのでやめにする。

確か、宮沢賢治も最初は自費出版したのではなかったか。

20年も出版社の編集長をしていたのに、こんなことも知らないで、気安く「自費出版は著作ではない」などと言うな！　知っている者から見ると、何だこの男、何も知らないくせに編集長なんかしやがって。そんなことも知らないで出版社の編集長なんかする資格はない。偉そうにしやがって、と言いたくもなる。

この人がその後どうなったか、まったくわからない。人間落ちる時は早いのである。

政治家（政治屋と呼んでいる人もいる）を見ればわかる。一瞬である。大臣になっても、すぐ辞めて「はい、さようなら〜」と一瞬でどこへ行ったかわからない人がいる。ここ最近でも立て続けにいなくなっている。早い、ほんと、大臣が一瞬でどこかへ消えていなくなる。都知事も、ここ数年で何人代わったろうか。

私が最近つくづく思うのは、東京のヤローたちは、首相や天皇家も含めて、「東京以外」は日本とは思っていないのじゃないかということだ。天皇家、首相、女都知事、東京都民、彼らは、「東京以外は日本ではない」と思っているのではないか。間違いないと思う。「都民ファースト」は「東京ファースト」と言っているのである。

次は「日本ファースト」と言い出すだろうなと思っていたら、ほんとにそう言い出した。次は「大日本帝国」か？

そのうちこの日本をぶっつぶすために戦争が起きるでしょう。この日本が一番最初につぶれるのです。何度も言っているように。

アメリカ大統領が「アメリカファースト」というのは意味はわかる。しかし、やたら「都民ファースト」を連発するこの知事を見ていると、勝てもしないアメリカとの戦争に「日本ファースト、日本ファースト」と連発しながら突き進むのではないか。日本壊滅となった太平洋戦争を思い出す。

要するに、身のほど知らず、なのである。ジャーナリストの中には、中国や韓国や北朝鮮を、私にはおぞましいと思えるほどにののしり、馬鹿にし、「日本がファーストだ！　日本がファーストだ、日本人が一番偉いのだ！」と叫んでいる者がいる。私はこうした言葉を読む度に、背筋がゾッとする。日本人の傲《ごう》慢さ、歴史を知らない無知。日本人は自らの愚かさを、恥ずかしげもなくさらし続けている。世界中が、最も人間性の低い、馬鹿集団とアホ集団、サル軍団と見ていることも知らずに。

外国では「日本の首相はアメリカ大統領にべったり、ロシアの大統領にべったり、何じゃこの日本という国は」と今言われている。知らないのは日本の首相と国民だけ。恥多き国である、この日本は。

同じ民族であった北朝鮮と韓国を分断に追いやったのは、この日本人である、ということを知らないのか。勉強もしていないくせに、目先の情報に振り回されて、広く世界や、なぜこうなったのかも考えないのか。深く掘り下げて考えるという能力もなく、ほんの一寸先しか見えていない者たちが、他国を馬鹿にし、非難し、「日本ファースト！　日本ファースト！」と騒いでいるのではないか。この「日本ファースト」という記事を見るだけで、私は背筋が寒くなる。昭和天皇の時代から「大日本帝国」思想である。だから天まで登るほどに思い上がった。

中国の国、土地を奪い、朝鮮という国を日本人が奪い、アジアの多くの国々を平然と植民地とし、当然のような顔をして、奪った国に大手を振って日本人が住みついた。「日本ファースト」と叫ぶ者たちは、そうした歴史ぐらいは知っときなさいよ。

同胞であった韓国と北朝鮮を分断に陥れたのは、この日本国であり、日本人であることをしっかりと頭に入れておきなさいよ。彼らを非難する前に。

昭和天皇の弟君・三笠宮崇仁《たかひと》親王は、軍の一人として中国へ行き、軍の者たちが中国の人々を無残に殺しまくる姿を見て、「戦争とはこれほど残酷なものなのか、人間が人間を、何のためらいもなく残酷に殺すのが戦争なのか」と震え上がった、と言っておられる。それを仕かけたのが日本人である。ついでにいえば、東條英機を首相に任命したのは昭和天皇である。アメリカとの戦争をやりたがる人物と知って、首相に任命したのである。

勝てない戦争だとわかっていて、アメリカに戦いを先に挑んだのが日本人である。その結果どうなったか。忘れていいことと決して忘れてはいけないことがあるのである。

ゾンビに何を言っても無駄か。無駄だ！　無駄だ！　相手はゾンビであり、サル山のサル軍団なのだから。

これは私が長く生きてきて思うことである。「なぜか？　なぜか？」どれほどの長い時間がかかろうとも、その答えを見出していくこと、見出そうと努めること、それが人生というものである、と。私はその答えを見出す旅をしてきたようなものである。

私は最近すばらしい人を見出した。

人間というものを観察しながら、どこかにすばらしい人はいないか。無意識に私はすばらしいと思える人を捜している。

少し前から私はこの人をじっと観察していた（もちろん会いに行ったわけではなく、

テレビ等を通して）。テレビ朝日系「朝まで生テレビ」にその人が出ていた時、私はその人ばかり観ていた。T氏は、「司会の田原さんが一人でしゃべりまくる。他の人にはしゃべらせないで」と言っていた。

もう大声でみんなでてんでんばらばら自分の言いたいことをしゃべるけど、ほとんど私の耳にも心にも響かなかった。終わった後、結局何も残っていない。

特に最近、頭はいいのかもしれないが、若い、ちょっとだけかわいい顔した女がこの番組にも必ず出てくるようになった。何かといえば必ずこの若い女が最近出てくるようになったが、この世的には頭がよく、情報過多、自分がその場で見たわけでもなく、行って現場を見たわけでもないのに、情報過多の情報を、人を押しのけて一人でしゃべりまくる。

わたくしこの人の話を聞いていると「オエッ」となる（理屈でまくし立てるからであるが、つまり話が「地に足がついていない」から）。理屈をコネコネしてしゃべられると、何を言っているのかさっぱりわからない。「ああ、また理屈コネコネの女が出ている」と思い、この人を見ると私はうんざりする。何を言っているのかさっぱりわからないからである。理屈をコネコネすることで自分の頭のよさを見せつけたい、と思っているることがわかるからである。

一方、雑音ばかりの中で、その人（その男性）は黙っている。いつまで経っても黙っている。一言も発しない。ずいぶん経ってから、ほんの短く一言発した言葉がすごかった。ずいぶん前に観たのに、この男性の言った言葉を、この短い言葉を、私は今でもはっきり覚えている。

何とすばらしいお方。私は今、その男性に、心底惚れ込んでいる。

「サンデー毎日」に毎週書かれているコラムを読んで、さらに惚れ込んだ。「サンデー毎日」（2017年5月28日号）から引用させてほしい。彼は1966年生まれのフリージャーナリストである。

コラムのタイトルは「青木理のカウンター・ジャーナリズム」。第153回、「親北反日」より。

〈親北反日。あらたな韓国大統領に就いた文在寅《ムン・ジェイン》氏について、そうした評価が日本メディアのあちこちに散見される。そこまで悪し様《あざま》ではなくても、文政権の誕生は対北朝鮮政策における日米韓の足並みを乱れさせるだとか、北朝鮮は歓迎しているのではないかとか、したり顔で語る〝識者〟も多い。この原稿を書きはじめたまさにいま、目の前のテレビ画面では、コメンテーターと司会者がこう語り合って首を振った。
「文在寅さんを支持した韓国の若い層は、北朝鮮の脅威への危機意識が低い」
「そこは日本人としてまったく理解しにくい点です」（中略）
しかし、私にはそれがごく当たり前のことに感じられる。むしろ本当の意味での危機意識に欠け、理解しがたく、現状認識能力にも歴史的知見にも欠けているのは、こちらの側ではないのか。（中略）
なによりも朴槿恵《パク・クネ》氏に失望した後を受けての選挙であり、財閥が牛耳る旧来型の経済構造と格差拡大にあえぐ中、「積弊の清算」を訴える進歩派の文在寅氏に若年層は多く票を投じた〉
続いて青木氏は〈韓国の人びとにとって北の民衆は同胞でもある。南北に生き別れた離散家族は総計で実に1000万。世界で唯一残されてしまった冷戦の遺物、いまなお続く民族分断の悲劇の、ほんの一断面である〉と書く。引用が長くなって申し訳ないが、締めの言葉もそのまま引かせていただく。

〈本コラムではなんどか書いてきたが、かつて朝鮮半島を植民地支配した日本は、分断の責から逃れ得ない。だというのに、「すべての選択肢」を豪語して軍事オプションをにおわせた米政権に「心強い」「高く評価」と応じ、ひたすら米国に追随し、むしろ危機を煽《あお》るかのような言動を繰り返す日本の政権。現状への真の危機意識も、過去への知見も感じられない。

こんな日本に反発を抱くのを「反日」と評するのなら、私にはそれも当たり前のことに思えて仕方ないのだが〉

世の中に、こういうジャーナリストもいるのだと、わたくし心底感動しました。すっかり惚れ込み、ファンになりました。彼は51歳です。

T氏は42か43歳です。年寄りが若者に心底感動し、若者から学び、また、若者が年寄りから何か一つでも学ぶものがあるならば、世の中、もう少し平和になるのではないか、と思います。こういう自分を感動させてくれる人を、わたくし無意識に捜しているのです。


ちょっと、わたくしのゲーム、遊びのお話をしたいと思います。

目の前にいる50歳の男に、

「あなた、近々死ぬよ、原因は、自動車事故、即死」

そう言った数日後、青い顔をして「死ぬかと思った、死ぬかと思った」と興奮してそればかり繰り返すので、「落ち着きなさいよ、何があったのよ」と聞きました。

「赤信号で停車していたら、後ろから猛スピードで、ブレーキも踏まず、車が突っ込んできて、自分の車が前に止まっていた大型トラックの中に（下に）めり込んだ。死ぬかと思った。警察が、『あんたBMW（ドイツ車らしい）でなかったら、完全に即死していたよ』と言われた」と言う。

「あなたね、ぶつける方も、ぶつけられる方も、おんなじ因縁なのよ。どっちが悪いじゃない。ぶつける方も、ぶつけられる方も同じ因縁を持っているからそういうことが起きるの」

「あなた死んでもいい？　それともまだ死にたくない？」と聞くと、「死にたくない」と答えます。

「ならば、私の言う通りにしなさいよ」「わかった」というわけで、私の言う通りにしたので、この世的に彼が若くして死んだりすることは、これからも、もうありません。

39歳の目の前にいる女。

「あなたのご主人はね、この2、3日のうちに事故で死ぬよ。あなた一度も働いたことがない、と言っていたよね、子供がいないから、やさしいご主人ととっても仲が良くて、いいことだけれど、ご主人にずっと食べさせてもらっているんでしょ？

結婚する前は両親に食べさせてもらって。若いのに何で仕事をしないの？　何でもいいから仕事をしたら？」と私が言うと、

「何をやっても長続きしなくて、何か私、ボケーッとしているみたいで仕事がまともにできなくて。何をやっても長続きしないから、いつの間にか仕事をしなくなった。主人も何も文句を言わないし、主人の休みの時は二人でテニスを習ったり、旅行に行ったり、暇を見つけて二人で楽しく遊んで回っている」と彼女。

「やさしいご主人よねえ、子供がいないから、特に仲がいいのかもね。あのさ、そのやさしいご主人が、あなたを養ってくれているご主人がさ、この2、3日のうちに事故で死ぬよ。今日かもしれない、明日かもしれない、とにかくこの3日ぐらいの間に、あなたのご主人は事故で死んじゃうよ」

そう言った次の日。

「大変です！　大変です！　主人がオートバイで（オートバイが趣味らしい）何かに激突して（この「何か」をはっきり言っていたけど、わたくしあまりよく聞いていなくて忘れました）、意識不明の重傷で、今救急車で運ばれて病院にいます」と彼女。

「ね、この3日の間に、って私はっきり言ったでしょ？　ご主人に食べさせてもらっているから死なれたら困るだろうけど、実家に帰ればいいじゃない」

「いいえ、両親はもう年老いていて、実家には帰れません」

「その両親のめんどうをあなたが見ればいいじゃない」

「両親のめんどうは兄夫婦が見ています。それに姉夫婦がすぐ近くに住んでいるし」

「だから私、簡単に実家には帰れないのです。何としても主人に死なれては困るんです」

「そう？　じゃー私の言うことを聞く？　私の言った通りにする？」

「します」

彼女が私の言った通りにしたので、ご主人は回復しました。この世的にこの若きご主人が今後も死ぬことはないでしょう。

私が言ったことと実際に起こったこととの因果関係を証明するのは難しいですが、事実だけ述べれば、こういうことが何だか私の身の回りでは、ひんぱんに起きています。

私は占い師でもなければ、霊能者でもありません。予言者であり、預言者です。

これらは私にとってはただのゲーム、遊びに過ぎません。しかし、根底に責任というものだけはしっかり持っています。

自分の発する言葉には、常に、いつでも必ず、責任というものを持って、発しなければなりません。この責任感のなさ、「無責任」と「勇気のなさ」が、この世を混迷に落とし込めています。

人間の生活・営みというものはもっとシンプルで、単純なものです。このにっちもさっちもいかない、ドンづまり、という感じのこの今の日本社会の現状は、人間自らが一寸先も見ない、考えない、溢《あふ》れる情報だけを鵜呑みにして、それをバラまき、ふり巻いていることの結果です。からっぽの頭に情報だけをつめ込んで、偉そうにしているのが今の人間の姿です。

ゴミ情報はさっさと捨てないと頭がパンクして支離滅裂となり、狂った頭の人間になってしまいます。そこで大切なのがT氏の言葉です。「バカとは、価値判断のつかない人間のこと」。

私の尊敬するF氏は、「英語でペラペラと内容のない話をするな!!」と怒っておられました。T氏は、「ポンと押せば、ピッと答えが返ってくる、あの機械ができてから、人間はバカになったような気がする。答えを見出す、その過程が大切なのに」と言われていました。

「バカとは価値の判断のつかない者のこと」

「価値の判断のつかない者を、バカという」とも述べておられます。

「バカが大勢で正しい者を論破しようとしてくる」――これは私が思っていることです。

初期の『預言の書』から今現在も、この6年近く、一人でも多くの人に伝えようと、それはもうこの私の方が驚くほど懸命に頑張り続けてくれているのがAさん（当然会ったことも、顔も知りません）です。この方が「中間の神々の言葉を受け取って書かれた本は、ごまんと溢れている。しかし天地創造の神が言葉を発せられた本などない。なにがすごいって、こんな本は世界中捜してもない。私が待って待って待ち望んでいた本であり、ついに出会えた本であるが、もう天地創造の神が言葉を発せられなければならない、そんな時が来ているのだと思う」と書かれています。

その通りです。天地創造の神が、「これ以上は待たないぞ、その前にこのわしが、直接人類に警告を与えよう」というわけでおでましになった、というわけです。

その通訳として、天地創造の神の言葉の取次人として、この私が選ばれた。何となれば、目に見えないお方の言葉を受け取れるのは、この私しかいなかったからです。

イエス・キリストの弟子として私は今世、しっかりと修行をした。ある時は千じんの谷からつき落とされ、ある時は生きたまま完全に心臓を止められました（なぜか？心臓を止めるのはこの私だ、と教えるためです）。

「聖者とは、この世の苦しみをなめ尽くした人のことだ」と私は言った。聖者のはしくれとなるために、イエス・キリストの弟子としてふさわしくなるために、天地創造の神の声を受け取れる人間となるために、「もうこの私をお引き取りください」と願うほどの想像を絶する試練を受け続けてきた。しかし、この世での歓喜の喜び、楽しみも味わった。

そして今、私は自分を恐れも不安も一切なく（初期の頃は一切そのようなことは言わなかった）、今、正々堂々と、自らを「予言者」「預言者」と呼ぶようになった。少し成長したのだと思う。原稿を書く、という行為のおかげで成長できたのだと思う。

文芸社というサル山の軍団の人々に告ぐ。私の怒りは天地創造の神の怒りです。あなたたちはこの天地創造の神の言葉を受け取り、それを書いた私の本を、あまりにもぞんざいに、平気で流れ作業のように扱い、この私を死に絶えるほどに苦しめました。天地創造の神の預言がまだ成就もしないうちに絶版となることは、この私にとって、死の宣告に等しかった。

なぜ『メギドの丘』を出版拒否、編集拒否などしようとしたのか。バカな担当者のY氏が「できたからいいじゃないですか」などとへ理屈を言うので、私はまた怒った。天地創造の神は怒り、一般国民より誰よりも先に、今、怒りの鉄槌をあなた方の上に振り下ろそうとしている。あなたたちがこの私を信じ、天地創造の神の言われることに逆らい、言われた通りにしないならば、天地創造の神の言われる言葉は、一語一句残らず、かけらの間違いもなく成就する。あなたたちは必ずや、間違いなく困ったことになる。先に天地創造の神が言われた通りになる。

あなたたちの罪はあまりにも大き過ぎる。覚悟を持って、この原稿を読んでほしい。

ブロガーのAさんが言われるように、中間の神々ではなく、天地創造の神が出現し、人間に語りかけねばならない最後の時が来たのです。

「即身成仏」という言葉があるように、サル山のサル軍団であるあなたたちや、ゾンビが、しっかり改心し、心を入れ替えれば許される。何よりもありがたい天地創造の神の言葉をあなた方は読み続けてきたのだから、ぜひ改心してほしい。

その神の言葉の書かれた『メギドの丘』を出版拒否、編集拒否しようとした。「この預言が成就するまで絶対に絶版にしないで」と私は何度担当者に頼んだかわからない。

どれほど頼んでも何一つ変わらなかった。ただただ金を私からむしり取ることしかしなかった。

サル山軍団や、ゾンビが即身成仏をするためには、よく目を見開き、耳をかっぽじって、天地創造の神の言われたことを噛みしめてほしい。それを素直に実行するしか、あなたたちにもう救いの道はない。

転落は一瞬のうちに起きる。救われたいなら天地創造の神の言われたことに逆らわず、素直に実行に移すことです。それをしない限り、もう天地創造の神の怒りが、神の怒りの鉄槌が、今すぐにでもあなたたちの上に降り注ぐことでしょう。

弱さによる人間の罪は許される。しかし、人間のごう慢による罪は決して許されない。あなたたちはどうしますか？

本書を読んでくださった皆様へ

突然本書だけを読まれても、まるで映画を途中から見るようなものでよくわからなかったかもしれません。ブロガーのAさんも「すべて読んでください」と言われるように、Iさんもたらちゃんも、わたくしの本、すべてを読んでいます。

なぜならば、全部続きのようなもので、最初からこれまで、自分でも気が付かないうちに、続きになっているからです。本書をお読みくださったら、最初の『預言の書』に戻ってください。映画をすべて見終わり、納得されるように。

一人でも多くの人々に、天地創造の神の言葉が、救いの言葉が伝わることを、心から願っています。

天地創造の神の代理人、
イエス・キリストの弟子、ペテロより。
「人々の目覚めあらんことを――」

著者プロフィール

山下 慶子（やましたけいこ）

1945年（昭和20年）、福岡県生まれ。国立音楽大学器楽科（ピアノ）卒業。

『預言の書』（2011年6月）、『神への便り』（2011年10月）、『神からの伝言』（2012年2月）、『愛の黙示録――絶体絶命のあなたを滅びの淵から救う道』（2013年2月）、『メギドの丘』（2013年10月）、『神の怒り、人類絶滅の時』（2016年6月）の著書がある（すべて文芸社刊）。

地球消滅の時

2017年12月15日　初版第1刷発行

著　者　山下 慶子
発行者　瓜谷 綱延
発行所　株式会社文芸社
〒160-0022　東京都新宿区新宿1－10－1
電話　03-5369-3060（代表）
03-5369-2299（販売）

印刷所　株式会社フクイン

ISBN978-4-286-18964-2